Para [illegible]

Con cariño fraterno y mi bendición.

Tu hermano,

P. Luis Alfonso Orozco, LC

HÉROES SIN GLORIA

Luis Alfonso Orozco

HÉROES SIN GLORIA

Luis Alfonso Orozco

ISBN: 978-1-59754-525-9

Impreso en México, 2023

HÉROES SIN GLORIA

SEMBLANZAS DE ALGUNOS MÁRTIRES CRISTIANOS Y HEROÍNAS DE NUESTRO TIEMPO

Para los jóvenes y todos los que tienen corazón joven.
Los constructores del futuro de la patria

Luis Alfonso Orozco

Introducción

Estas breves historias ofrecen destellos luminosos sobre algunos *héroes desconocidos,* hombres y mujeres de nuestro tiempo, que no alcanzaron la gloria humana pero son honra del cristianismo. Han sido escritas para no perder la memoria de quiénes somos y también de quiénes somos deudores en la fe. Su lectura amena e ilustrativa vale para todos los públicos, pero muy en especial desearía que lleguen a las manos de los jóvenes, para que conozcan algunos ejemplos de vida cercanos a ellos y que les estimulen en el camino hacia la virtud. Con sentimientos de gratitud y admiración he querido resaltar de modo particular las figuras de algunas mujeres verdaderamente heroicas, que son todavía poco conocidas dentro y fuera de México.

La fe cristiana y las virtudes se han conservado y se trasmiten en nuestra sociedad gracias a la fidelidad callada y perseverante de nuestras madres, esposas y hermanas. El conjunto de virtudes que ellas encarnan podemos verlas reflejadas en Santa María, nuestra Madre y Reina del cielo.

En este grupo de mujeres admirables conoceremos algunos rasgos sobre la primera santa mexicana, la Madre María Natividad Venegas, con la gran obra caritativa que ella logró desarrollar. Resalta asimismo la conmovedora historia de María “Quica” Romo, natural de Jalisco, la admirable hermana del sacerdote mártir Santo Toribio Romo. Brillan con luz propia los casos de otras jovencitas que murieron como mártires en la flor de su edad; una en la Ciudad de México y otra en Orizaba. A través de estas páginas nos asomamos también al calvario que padecieron dos valientes muchachas colimenses, Candelaria Borjas y María Ortega; o al martirio colectivo que soportaron las monjas Adoratrices del pueblo de Ejutla, en Jalisco, durante los duros años de la persecución religiosa. Para completar este cuadro de mártires y héroes, se narran los casos martiriales de los sacerdotes san Rodrigo Aguilar, Gumersindo Sedano, y de los tres mártires de San Joaquín.

Son todos hechos históricos, pues se trata de mártires, de heroínas, mujeres santas y sencillas muchachas de nuestro tiempo. Ellos llevan nuestros mismos apellidos y por eso los podemos considerar cercanos a nuestras vidas, como portadores de un mensaje de amor que nos toca descubrir. Afrontaron la aventura de su vida con una fe luminosa, con gran amor a Cristo y al prójimo. Su patriotismo fue sincero, y por lo mismo son ejemplo de otras muchas virtudes de aquellas que configuran la madera de los auténticos santos y de los héroes.

DEDICATORIA

"Una mujer es algo muy sencillo. Sí, es cierto. Lo que es la mujer es algo tan sencillo como el recuerdo que un hijo tiene de su madre. Y la mujer es algo sencillo porque es bello. Y es bella cuando es ella misma, toda de una unidad armónica de mil detalles y matices perfectamente integrados".

(Gloria Conde, *Mujer nueva. Ellas...*, ed. Trillas, México 2000, p. 11)

Una de las reminiscencias más acendradas que conservo de mi infancia es la imagen de mi madre: la recuerdo levantándose a las cinco de la mañana, de lunes a viernes, mientras todos en casa aún dormimos. Cuida su arreglo y después diligentemente sale de casa para tomar el autobús que la lleva a una ciudad que dista 40 kilómetros de nuestro domicilio. Allá trascurre las mañanas para estudiar unos cursos de licenciatura en educación primaria. Por espacio de tres y medio años ella hizo este considerable esfuerzo de ir a la universidad y volver cada día de la capital del estado, para completar sus estudios de magisterio y poder obtener su título de licenciatura en educación.

Entre mis ocho y diez años de edad, vagamente podía hacerme una idea cabal de todos los sacrificios personales y del enorme esfuerzo de voluntad que a mi madre le significó imponerse este duro programa de estudios superiores. Su vocación de educadora, pero sobre todo, su vocación de madre se lo pedían y ella no dudó en hacerlo.

Dejo correr el recuerdo para verla llegar a casa por las tardes, cuando ya ha anochecido. La veo entrar, con su bolso bajo el brazo y sus libros, cansada pero no de mal humor. La saludamos y mis hermanas mayores le preguntan cómo le ha ido en esa jornada. Prestamente se pone a atendernos, mientras vela que todo marche bien en casa. Nos pregunta si hemos hecho la tarea escolar. Se preocupa por nuestra cena, mientras le ayudan a prepararla mis hermanas. Está en casa y toma plenamente las riendas de mamá.

Más que con sus palabras era con su ejemplo que nos enseñaba las lecciones importantes de vida. Cuando terminó esos años de estudio en la capital del estado, la directora del curso se acercó a felicitarla durante la ceremonia de la entrega de los títulos.

- Felicidades, maestra. Ahora ya es usted licenciada en educación primaria. Ha hecho un buen curso. Me imagino que no le fue muy difícil sacar este título, al no estar casada ni tener una familia que cuidar...

La respuesta de mi madre la dejó desconcertada:

- Al contrario, directora. Tengo nueve hijos y mi esposo. Mi casa dista 40 kilómetros de aquí. Si decidí sacar este título y hacer el sacrificio de levantarme diariamente a las cinco y venir, fue pensando en ellos. Doy gracias a Dios que me permitió llegar hasta el final.

Con nueve hijos, en aquel entonces de edades entre los 16 y los 4 años –yo me encuentro en el medio de mis hermanos–, mi madre decidió estudiar durante tres años con el fin de titularse como experta en educación primaria y así optar por el puesto de directora en una escuela primaria federal. Lo hizo no para añadir una corona a su meritoria carrera de maestra, que en ese entonces rondaba los veinte años de profesión, sino principalmente para poder ofrecernos una mejor educación escolar en los centros privados de nuestra ciudad.

Si después mis hermanos y yo pudimos acceder a los estudios universitarios y sacar adelante nuestras respectivas profesiones, en gran parte se lo debemos a los sacrificios y al ejemplo de nuestra madre, como la mejor herencia que pudo legarnos. De los nueve hermanos dos siguieron sus pasos y son maestras, cuatro son ingenieros en diversas ramas, dos son profesionales en estética, y yo sacerdote. En casa no había comodidades, pues vivíamos con extrema sencillez; carecíamos de lujos que tampoco necesitábamos. Sin embargo, nunca nos faltó lo necesario para vivir y –lo más importante– siempre ha abundado una entrañable unidad familiar, la cual perdura ahora entre las diversas familias que han formado mis hermanos. En casa compartíamos los bienes de que disponíamos, pero nuestros padres nos enseñaban a luchar por alcanzar metas más nobles.

A este recuerdo imborrable de mi madre, que se levanta y sale antes que ninguno en casa y que regresa por las tardes cansada de los estudios para continuar su misión infatigable materna, está ligado otro que la retrata fielmente en su vocación de educadora. Ha transcurrido poco más de un año desde que obtuviera su titulación superior. Ya ocupa el cargo de directora en una escuela primaria federal de nuestra ciudad, que por suerte no queda lejos de nuestro hogar. Con preocupación ella observa que muchos niños se quedan sin instrucción por no alcanzar un puesto en las aulas repletas, y quizá también debido a cierta desidia de sus padres por buscarles sitio en otras escuelas.

Como fueran las causas, los hechos están ahí: hay muchos niños sin escolarizar y el año ya en curso, pero ella no se detiene en laméntelas ni se cruza de brazos, sino que piensa de qué manera remediarlo sin demora, con los medios que están a su alcance. Se organiza y abre en casa por las tardes su propia escuelita para dar clases de lectura y escritura a los niños no escolarizados y que normalmente provienen de familias con escasos recursos.

Mis recuerdos se vuelven ahora muy vivos. Después de la hora de comer, estoy entretenido con mis juegos y pasatiempos, mientras veo que comienza un goteo de niños y niñas por el pasillo de mi casa hacia el patio posterior. Unos llegan de la mano de su madre y otros solos, por su cuenta. Todos se dirigen hacia el patio donde los espera la maestra, quien ha improvisado varias sillas y banquitos para sus alumnos. También hay una pizarra. Algunos de estos pobrecillos no llevan cuaderno ni lápices, ni disponen del libro de texto, pues a duras penas andan calzados. Son de familias pobres.

Pero la maestra también ha pensado en ello. No se va a detener por estos inconvenientes. De su propio bolsillo provee a los menos favorecidos para que dispongan de cuaderno y lápiz. De su escuela consigue los libros de texto necesarios para que nadie se quede sin aprender. Y si algún niño no tiene dinero para comprar en “la tiendita”, ella también le dará alguna golosina, pero como buena educadora se la sabe prometer de tal modo, que los niños estudian y aprenden pensando con ilusión en la dulce recompensa que obtendrán al final.

Durante largos meses se mantiene en pie aquella escuelita vespertina casera de mi madre, levantada sin ningún afán de lucro. Ella no puede quedarse indiferente ante el drama de los niños sin escolarización debido a la pobreza y la falta de aulas. Su vocación de madre y de educadora, tanto de sus hijos como de los alumnos, queda así bien manifiesta, porque los trata a estos con igual bondad.

Su paciencia y cualidades como pedagoga van logrando sacar de la ignorancia las mentes de aquellos niños, que salen del patio de mi casa, llevándose como tesoro invaluable la capacidad de saber leer y escribir.

Estos recuerdos son algunos de los cuadros vivos de mi niñez que guardo con más cariño y gratitud hacia ella. Nada extraño resultó después el hecho que dos de mis hermanas escogieron también la profesión de educadoras. Además, todas mis hermanas son excelentes esposas y madres de sus propios hijos. De la escuela del buen ejemplo no se sale sin aprender lo mejor.

Con la distancia de los años con frecuencia vuelvo con gratitud a estos recuerdos –ahora que soy sacerdote– y después, no pocas veces me surgen sentimientos contrapuestos al leer o escuchar ciertas noticias tendenciosas. Por un lado me causa admiración, bastante pena y también asombro el escuchar esa opinión difundida ampliamente por ciertos medios, según la cual la mujer casada y madre de familia, al mismo tiempo, no puede realizarse plenamente como profesional dentro de la sociedad. Lo quieren presentar como un hecho incontrastable y como si fuese algo totalmente incompatible para ella, "porque le es imposible" realizarse plenamente como mujer, según dicen.

Se alude a vanas excusas, que en el fondo son inconsistentes y no se sostienen en la realidad, sino únicamente para apoyar una ideología. A base de eslóganes y de martillante propaganda se pretende crear la mentalidad acerca de que si el hogar y los hijos son "un estorbo" para su plena realización; que si vive "sujeta" en todo al marido, que si la "tienen atada" a la plancha y a la cocina, y bla-bla-bla. Todas esas son teorías ya desechadas, como la ropa gastada. En cambio, puedo aducir por experiencia que la memoria fiel de todos los logros obtenidos por mi madre como mujer y como profesionista a lo largo de su vida es una realidad incontestable, porque hablan los hechos. No soy el único que puede proponer como ejemplo de vida el de su propia madre, porque hay muchos, afortunadamente muchos más casos que lo demuestran aunque no sean noticia.

> No: la madre no es una esclava, precisamente porque se es madre por amor. En cualquier caso, podría decirse que está esclavizada a amar. Por eso la mujer es humanizadora: por su aportación espiritual en la educación del ser humano, dada su capacidad de gestar y acompañar a la persona humana desde el inicio de la vida. La madre, amando al hijo, no sólo ofrece cuidados físicos sino que permite el desarrollo de la parte espiritual del ser humano, por el amor que le transmite en todos esos actos cotidianos, pequeños o grandes, que arrancan de la experiencia de ser madre.
>
> (Gloria Conde, *Mujer Nueva...*, p. 150)

La mujer se realiza plenamente respondiendo a su vocación más genuina, que es amar y darse con amor a todos los seres que necesitan de ella. La familia y la sociedad para desarrollarse con un perfil genuinamente humano dependen plenamente de su capacidad de donación, porque la mujer es el alma de la familia y la guardiana de la sociedad, la cual está afincada en los auténticos valores humanos y no en falsos *derechos* inventados por el egoísmo, ni en los eslóganes de moda.

Los falsos *derechos* no tardan en revelarse sumamente frágiles. Son como la escarcha que derrite un rayo de sol, pero se mantienen tercamente si por la presión del consenso político se traducen luego en leyes civiles causan después mucho daño en las conciencias. La mujer es quien mejor está capacitada para amar y sólo así despliega toda su vocación de mujer, profesionista y madre ejemplar; mas también es un ser frágil si resulta influenciada y engañada por las ideologías contrarias a la dignidad humana.

Siempre que vuelvo a estas vivencias personales, que para mí resultan lo más natural, no dejo de admirar y de agradecer profundamente a aquel ángel bueno, a la gran mujer que Dios me regaló como madre y guía segura. A ella quiero dedicar el sencillo homenaje de estas páginas.

1
LA GRANDEZA DE UN PAÍS POR SUS MUJERES

Tierra de volcanes

México es una tierra de volcanes imponentes. Sus majestuosas cumbres nevadas vigilan como centinelas gigantes los valles, los pueblos y las ciudades que son el escenario de la agitada vida de los seres humanos. El soberbio volcán Iztaccíhuatl, "La Mujer Dormida", se extiende por muchos kilómetros flanqueando el valle de Puebla como una madre silenciosa que vela por sus hijos, mientras estos se afanan en mil cosas diversas.

Una bella leyenda azteca cuenta que Ixtla era la joven hija de un rey poderoso, condenada por su padre a vivir soltera porque no quería darla en matrimonio a ninguno. Ella amaba en secreto al joven guerrero Popocatéptl, quien resultó victorioso en la guerra con la que alejó el peligro de los enemigos de Tenochtitlán y extendió más allá de las montañas los dominios del rey, padre de Ixtla. Mientras duró la guerra, otros guerreros, envidiosos de la fama del fuerte Popocatéptl habían difundido la mentira de que éste había muerto en una batalla y que su cuerpo había desaparecido en el lago.

La bella princesa Ixtla cuando escuchó la noticia, se negó entonces a comer, se encerró en sus aposentos y allí murió de tristeza.

Pero al poco tiempo, regresó a la gran ciudad el capitán Popocatéptl, victorioso y aclamado por todos como héroe. Se dirigió al palacio para honrar al viejo rey y también pedirle la mano de su hija. El soberano, arrepentido de su error y muy apenado, le contó el triste final de la princesa.

Entonces Popocatéptl fue a donde yacía muerta la princesa Ixtla, tomó delicadamente en sus brazos el cuerpo de su amada y salió de la gran ciudad a la vista de todos. Ninguno osó detenerlo; caminó y caminó y se dirigió a una alta colina que dominaba la gran ciudad; allí se detuvo y depositó el cuerpo de su querida princesa. Él se retiró a otra colina más al sur desde donde contemplaba y hacía compañía a Ixtla, que dormía el sueño de la muerte.

Popocatéptl permaneció allí, alto y orgulloso, vigilando con una antorcha humeante en la mano la memoria de la bella Ixtla, que había muerto por su amor. Llegaron las nieves, los años pasaron y las colinas con los cuerpos de los dos jóvenes enamorados se convirtieron en sendas montañas de cumbres blancas. Y allí están desde hace siglos, como ejemplos de la fidelidad al amor hasta la muerte. La del norte es llamada Ixtla o *Iztaccíhuatl*, La Mujer Blanca; la del sur, un poco más alta y todavía con su penacho de humo, es llamada *Popocatéptl*, la Montaña Humeante.

¿En qué consiste la grandeza de una nación?

En buena parte se debe a sus mujeres más excelentes. Con toda seguridad la grandeza moral de México se debe en buena parte a los valores que encarnan sus mujeres. Y más en concreto, este país debe su valía como nación a las heroicas madres mexicanas, quienes son las auténticas centinelas de los valores humanos que conforman la rica identidad cultural del pueblo mexicano.

El concepto del amor y de la fidelidad siempre ha estado tan alto en la mujer mexicana madre, como las soberbias montañas nevadas *Popo* e *Izta*, centinelas del valle del Anáhuac, en las que la leyenda popular ha inmortalizado el ideal del amor y la fidelidad. Nobles y perennes, como deben ser el matrimonio y la familia.

"La mujer tiene una capacidad especial para captar los valores personales" –escribe Gloria Conde-. "De ahí su especial susceptibilidad al sentirse tratada como algo en lugar de cómo alguien. La mujer pone en primer término las personas, luego las cosas"[1].

Las heroínas desconocidas de México suelen ser mujeres anónimas, prácticamente de todas las edades y condición social, cuyos nombres no aparecen en los textos oficiales de historia, pero los registra el recuerdo agradecido de sus hijos. Están allí las sufridas madres de los revolucionarios, madres de los humildes "Juanes" que peleaban en las filas de los diferentes caudillos: Carranza, Obregón o Villa, durante las primeras décadas del siglo pasado. Y de más atrás en el tiempo; madres de Hidalgo, de Morelos, de Iturbide y demás próceres de la Independencia.

Pero también hay que considerar a la madre sufrida de borrachines, de obreros, de artesanos, de campesinos, de los indocumentados que marchan al norteño país en busca del básico sustento. O las madres generosas de hombres y mujeres emprendedores que han trabajado por el progreso material y espiritual de la nación; madre creyente de sacerdotes y misioneros que llevaron la verdadera fe católica por todo México.

---

[1] Gloria Conde, *Mujer Nueva*, ed. Trillas, México 2000, p. 142

Mujer y madre admirable de los heroicos cristeros; mujeres valientes y también mártires de las Brigadas Santa Juana de Arco, quienes defendieron la fe y los derechos más sagrados del hombre, durante la persecución desatada contra la Iglesia y los católicos, en la década de los años veinte. Mujeres mexicanas de todas las clases sociales: madres, esposas, hermanas de hombres y de mujeres honradas, que han sido los verdaderos forjadores de la patria.

Niños Tarahumaras de Chihuahua
con una imagen de la Virgen de Guadalupe

Mujeres indias, mujeres mestizas, mujeres criollas

Desde que empezó a acrisolarse el rostro pluriétnico de la nación mexicana, durante los albores de la conquista y después durante la etapa colonial, está presente la callada acción de la mujer con su discreción y buen hacer: esposa de Cortés, esposa del soldado español y madre de sus hijos mestizos que dieron origen a la nación heterogénea que hoy conforma México. Y después de lograda la Independencia, es ella la continuadora de los valores patrios en la esposa de Don Porfirio, esposa de Madero, esposa de Juárez, esposa de Obregón, etc.: de cuantos han detentado el poder público y que ya recibieron el veredicto de la historia por su actuación.

Son tantas las mujeres mexicanas próceres que resultaría una tarea imposible mencionarlas a todas. Pero en justicia conviene mencionar al menos algunos nombres insignes: sor Juana Inés de la Cruz, santa María de Jesús Venegas –primera santa mexicana–, la beata Dorotea Chávez Orozco, Josefa Ortiz de Domínguez, Concepción Armida, Natividad Guízar Valencia, Maura Degollado, Concepción Acevedo, Soledad Orozco, Celia Gómez, María del Refugio Romo, Carmen Robles, Antonia Castillo y tantas otras valientes mujeres como ellas; madres de obispos, de sacerdotes y misioneros que honran la presencia y huella católica de México en el mundo. Valientes jóvenes y señoras de las heroicas Brigadas Santa Juana de Arco, que defendieron la fe durante la persecución religiosa, aun a costa de sus vidas.

Ahí están también todas aquellas humildes madres y esposas de campesinos, de pescadores, de mineros, de transportistas y ferrocarrileros que trabajan por el progreso social de México. Mujeres indias, mujeres mestizas, mujeres criollas. Madre, esposa, hermana: todas, unas y otras que ven reflejados sus diverso rasgos, de alguna manera, en la Madre común de todos los creyentes: **Santa María de Guadalupe**.

Resultaría una tarea grandiosa y que algún día deberá hacerse, –pero que resulta poco menos que imposible para este modesto trabajo–, señalar una por una a tantas miles y millones de madres y esposas buenas, abnegadas y silenciosas que han modelado el alma de la patria a lo largo de su tradición centenaria. Son sus mujeres cuyos nombres la historia no toma en cuenta y que permanecen anónimas, mas no para Dios. Que también viven en el recuerdo agradecido de sus descendientes. Sin ellas no sería posible reconocer los valores genuinos del alma mexicana; gracias a ellas México conserva aún la riqueza de sus tradiciones y virtudes familiares y sociales tanto en los pueblos como en las ciudades.

Ellas transmiten a sus hijos la belleza de los valores humanos tan indispensables como el amor, la solidaridad, la generosidad, la amabilidad, el trabajo y la nobleza de carácter, que son algunos de los rasgos que tanto aprecia el mundo en los mexicanos. Trabajadoras infatigables, educadoras de la fe de sus hijos en el hogar y en la escuela. Mujeres santas, dulces madres, que han forjado el alma cristiana de México, como su mayor riqueza espiritual que ha perdurado y se transmite desde hace siglos.

¿Cómo es una madre y esposa cristiana?

No es tan sencillo responder a esta pregunta, pero basta con fijarse en sus cualidades que son muchas, para hacerse una idea cercana: es virtuosa y sabia, piadosa y creyente sincera en Dios y en su Santísima Madre. Mujer de fe. Dulce y callada, paciente con el marido, resignada ante la adversidad, pero prudente en las decisiones que ha de tomar por el bien del hogar. Trabajadora abnegada, ahorrativa y generosa. Amorosa con sus hijos y caritativa con los más necesitados. Defensora de la vida humana desde su concepción hasta su ocaso natural, porque reconoce su valor sagrado e intocable. Rica en ingenio y en recursos humanos para sacar adelante a su familia. Y creo que todavía no están dichas todas sus cualidades.

Nuestra Madre, Santa María de Guadalupe

¡Santa María de Guadalupe, madre y reina de México, vela por nuestras madres, esposas y hermanas; por todas las mujeres mexicanas! Ellas custodian el tesoro más precioso de esta nación.

Las milagrosas apariciones de María en 1531, que conforman el Evento Guadalupano, en los albores del nacimiento de México como nación son de tal importancia y trascendencia en la historia patria, que constituyen nada menos que su "acta de nacimiento"; su identidad más profunda como pueblo formado por la fusión de diversas razas y culturas. El Evento Guadalupano también ha resultado ser su elemento de unidad nacional. Este acontecimiento extraordinario ocurrió cuando la Santísima Virgen María se dignó posar sus pies benditos en la colina del Tepeyac, apenas diez años después de la conquista de la capital azteca Tenochtitlán.

Una ermita inicial, una colegiata después y dos basílicas posteriormente, han sido la casa donde nuestra Madre Santísima de Guadalupe ha recibido y sigue recibiendo el fervoroso homenaje de millones de sus hijos que llegan peregrinos desde todos los rincones de México y del mundo. Para dicha de la nación mexicana la milagrosa imagen de Guadalupe se conserva intacta y bien custodiada en su magnífica basílica, tal como se apareció por vez primera a los ojos del obispo Juan de Zumárraga, hace ya casi 500 años.

María dejó impresa su imagen en la frágil tilma de fibra de maguey que llevaba el mensajero escogido, san Juan Diego Cuauhtlatoatzin, y que se conserva milagrosamente desafiando las leyes del tiempo. Se trata de la misma imagen maternal que contemplaron san Juan Diego y el obispo Zumárraga, y que continúa, ahí mismo, desde lo alto de su pedestal consolando los corazones de los peregrinos que acuden a sus pies para contarles sus penas y alegrías.

Todos se sienten amados por Ella con igual amor de hijos, porque delante de nuestra Madre celestial actúa con poderosa persuasión la gracia de Dios, que es la única capaz de abrir los corazones endurecidos por el pecado. Ante Ella se encuentra la fuerza para romper con las ataduras del egoísmo, se experimenta el consuelo ante la soledad y las desilusiones que tejen la existencia humana.

Mirando el dulce rostro de la Morenita del Tepeyac la madre encomienda a su protección el hijo o el marido errantes en países ajenos en busca de mejores medios de subsistencia; el papá le encomienda a su hijita enferma o le suplica le ayude a conseguir un trabajo digno para llevar el sustento a la familia; el sacerdote ruega por todas las necesidades e intenciones de las almas. En fin, todos cuantos a Ella se acercan reciben su bendición maternal y el aliento para seguir adelante en la propia batalla de cada día para trabajar por vencer el mal con el bien y dejar el mundo un poco mejor de cómo lo encontramos.

La imagen de nuestra Señora de Guadalupe es la más sagrada que hay en México, porque se trata del auténtico icono dejado por la Virgen María, "Madre del verdadero Dios por quien se vive"[2]. La sacra imagen representa también cuanto de más sagrado

---

[2] Cf. Antonio Valeriano, *Nican Mopohua*, en español, v. 2

posee el ser humano: su derecho a dar culto y adoración a Dios, en plena libertad. Además del don de la vida, del que dependen todos los otros dones y derechos que vienen de Dios y que son propios de cada ser humano, porque están antes y por encima de cualquier derecho positivo u ordenamiento del Estado.

El atentado sacrílego contra la Guadalupana

Santa María de Guadalupe no quedó exenta del odio contra la fe y del vano intento humano de expulsar a Dios del corazón de la sociedad. Durante el gobierno del presidente Álvaro Obregón (1920 – 1924) se cometió aquel atentado dinamitero contra la imagen sagrada de Nuestra Señora de Guadalupe, que indignó y sacudió como un terremoto a todos los católicos mexicanos. El acto sacrílego fue perpetrado el 14 de noviembre de 1921, a las 10.30 horas, por un sujeto llamado Luciano Pérez Carpio que era empleado de la secretaría particular de la presidencia[3].

Llegó a la basílica disfrazado de obrero, con un overol azul "que aún tenía la etiqueta de la casa comercial donde se compró", escoltado de soldados también vestidos de civil, y con un gran ramo de flores frescas donde se escondía la bomba de dinamita, la cual depositó bajo el altar a los pies del cuadro con la santa imagen de la Morenita.

El presidente municipal de la Villa de Guadalupe, Edmundo González, al oírse el estruendo que se escuchó en un radio de más de un kilómetro, corrió a la Basílica y dio orden de que metieran en la prisión al culpable recién atrapado. Pero como este individuo

---

[3] Cf. López Beltrán Lauro, *La persecución religiosa en México*, Tradición, México 1991, p. 40-41.

obedecía órdenes superiores para hacer un acto tan descomunal e hiriente contra la sensibilidad creyente del país, ocurrió lo que se esperaba: lo liberaron. "Los guaruras telefonearon a Obregón y éste le telefoneó de inmediato al presidente de la Villa ordenándole que le diera garantías al preso. Que ya mandaba por él. Media hora después llegó un camión de redilas con soldados uniformados que se lo llevaron"[4].

Aquel lamentable atentado sucedió cuando ya arreciaba la ola de persecución religiosa en México, por lo que tristemente la Madre de todos los mexicanos tampoco se vio libre de los sufrimientos y penas que padecían sus hijos por conservar la fe.

Manifestación pacífica en el zócalo de México para protestar por el atentado contra la imagen de santa María de Guadalupe en 1921

[4] Cf. López Beltrán Lauro, *La persecución religiosa en México*, Tradición, México 1991, p. 41.

Las madres católicas educan en la fe a sus hijos entronizando la imagen del Sagrado Corazón de Jesús en el lugar de honor de sus hogares, que se ve flanqueado siempre con un cuadro o imagen de la *Morenita*, entre flores de llamativos colores y silenciosas veladoras. Para todos es conocido cómo la festividad del 12 de diciembre se celebra de un modo solemne en todo México, atrayendo las miradas y los corazones hacia el rostro dulce y juvenil de nuestra Madre Santísima.

Cerca de dos millones de peregrinos asisten a visitarla en su basílica de la Villa, durante los días entorno al 12 de diciembre, a los que hay que añadir otros dieciocho millones más a lo largo del año. Se trata del Santuario mariano más concurrido en el mundo. María acompaña a todos sus hijos en sus problemas, luchas y alegrías de cada jornada.

También Ella sufre -¿y qué buena madre no sufre?- por sus pecados y desviaciones, por su indiferencia e ignorancia. Sufre cuando la fe ha sido y es objeto de persecución pública, sufre cuando es objeto de escarnio o de burla por parte de quienes se atreven a alzar el puño contra Dios y sufre de un modo particular en nuestro tiempo por las muchas personas e instituciones civiles que atentan contra el valor sagrado de la vida humana. Santa María de Guadalupe, ¡ruega por nosotros!

2
MARÍA DE LA LUZ CAMACHO

Grandeza de la joven creyente

Zenaida Llerenas es una joven mártir de Colima, quien murió en 1927 con apenas quince años, dejando un ejemplo y modelo de virtud, de entereza humana y cristiana para todos los jóvenes. De aquella época de mártires memorables que transcurrió durante las dos primeras décadas del siglo veinte, resalta asimismo el caso de otra joven que honra con su vida y testimonio la grandeza del alma cristiana.

Se trata de María de la Luz Camacho González, una de las últimas rosas del martirio en la corona teñida de sangre de aquella epopeya de héroes, que tanto ha honorado a Cristo Rey en el siglo veinte, el siglo de los mártires. La fuente documental para seguir los pasos de esta historia es el valioso libro del Padre Joaquín Cardoso, S.J., el gran cronista de los mártires mexicanos y testigo de aquellos años heroicos.

María de la Luz nació el 17 de mayo de 1907. Su venida al mundo alegró el corazón de sus cristianos padres. Apenas iba a cumplir siete meses de vida, cuando quedó huerfanita por la muerte de su madre, acaecida el 17 de diciembre del mismo año. La niña va entonces a vivir bajo la tutela de su abuela materna y de una tía. Poco más tarde cuando su papá, el señor Camacho, contrae nuevo matrimonio, María de la Luz goza del nuevo hogar que muy pronto aumenta con el nacimiento de dos niños y dos niñas. Su corta existencia se ve entonces sujeta a pruebas mortificantes para un corazón sensible como el suyo, pues su padre la lleva a Puebla y la interna en un colegio, quedándose entre personas desconocidas.

Firmeza en la mirada

La personalidad de María de la Luz se fue entonces modelando, durante aquellos años de estudio e internado en Puebla. Aprendió desde pequeña a madurar más rápido que sus compañeras, tornándose seria y responsable, mas no extraña en su conducta. Adquirió una firmeza que le fue sumamente útil en su vida para saber defender sus convicciones.

En los retratos que se conservan de María de la Luz hay un rasgo inconfundible, quizá el más destacado de su fisonomía: la firmeza de la mirada. Aun aquellos en que se representa muy niña se observa que no es precisamente dureza, frialdad o altanería lo que denotan sus rasgos; es simplemente firmeza de carácter. Esta nota da también la clave para entender su vida posterior a la niñez y de la prueba suprema que le tocó afrontar. María de la Luz, la huérfana de madre, es la misma jefa de grupo de la Acción Católica que mira frente a frente la mano que empuña el arma homicida, y muere gritando ¡Viva Cristo Rey!

La firmeza de carácter que depositaron en el alma de María de la Luz las vicisitudes de sus primeros años, el internado en el colegio de Puebla, y después en Tlalpan, se templó con la vida familiar de que disfrutó desde 1918 cuando pudo ingresar en el "Instituto Católico" en la ciudad de México, y sobre todo desde 1921 año en que salió definitivamente de la escuela a sus 14 años.

Desde entonces supo afrontar la vida desde la vanguardia, pues como hermana mayor cuidaba de sus hermanos pequeños; era guía y apoyo de otros seres más débiles que ella. Esto que era una necesidad dictada por las duras circunstancias, se convirtió en ella en un hábito vital. María de la Luz fue jefa y directora por temperamento. Poseía buena madera, madera de mártir, porque llegaría a ser una figura de primera línea en el escenario de la tragedia mexicana durante la persecución religiosa del siglo veinte.

La joven líder en Coyoacán

En el colonial barrio de Coyoacán de la ciudad de México se dedicó con su habitual seriedad a la enseñanza del catecismo a los niños, cuando apenas contaba con 15 años. A esa edad ya tenía una idea clara de la importancia trascendental de este apostolado en la formación de los buenos ciudadanos católicos. Comienza bajo la dirección de experimentadas catequistas, y luego, sintiéndose suficientemente preparada, funda por sí misma un centro en su propia casa, en el que todos los sábados reunía una multitud de chiquillos, atrayéndolos con regalos y no menos con su inagotable buen humor, firmeza y simpatía. La fogosidad de sus esfuerzos la llevaron pronto a ser sucesivamente secretaria y tesorera del comité central de su parroquia, en la que recibían instrucción más de dos mil trescientos niños.

En aquel ambiente se abrieron los ojos de la joven catequista ante perspectivas más amplias de apostolado en la sociedad: la Acción Católica, esto es la participación directa de los seglares en el apostolado misionero que realiza la Iglesia, mediante la búsqueda seria de la propia santificación y el trabajo constante y decidido por la salvación espiritual del prójimo.

Pío XI, el Papa que siguió muy de cerca y con corazón paterno los sufrimientos de los católicos mexicanos durante la dura persecución contra la Iglesia, recomendó mucho la promoción de la Acción Católica como la mejor de las estrategias para contrarrestar el secularismo en la vida social. La respuesta de los católicos y del Episcopado mexicano entonces fue ejemplar.

"¿Para qué han de sufrir dos?"

María de la Luz se alistó de inmediato en las filas de la Acción Católica, cuando fue fundada en Coyoacán a principios de 1930. Desde un inicio, se dedica con su formalidad habitual a estudiar los problemas que es preciso resolver y entonces sale nuevamente a relucir su magnífico carácter, que la llevará a la vanguardia del apostolado en su zona. Se instruye constantemente, escribe, corrige y pule sus discursos que llegan a ser altamente persuasivos. A los 23 años es perfectamente dueña del auditorio que tiene delante y está capacitada para desarrollar temas formativos que interesen a los miembros de su sección.

Tiene un ideal juvenil muy claro y sólo le faltan oportunidades para llevarlo a cabo. Su entusiasmo y la dura enseñanza que como implacable institutriz le ha dado la vida por superar los reveses suplen la amargura por los fracasos y la falta de colaboración de algunos. Solía decir que cuando puede sufrir uno solo, ¿para qué han de sufrir dos? En ello se denota una voluntad templada y un carácter inasequible al desaliento.

Antes de un año, después fundarse el centro de la Acción Católica en Coyoacán, María de la Luz ocupa el importante puesto de tesorera que desempeña con la solicitud y el espíritu sobrenatural con que se emplea en sus demás acciones. Sin embargo, la prueba estaba cercana. Ella misma, en uno de sus discursos expresaba:

- Estamos sujetos a infinitos peligros y tropiezos que tienden a estorbar nuestro camino: mas si estamos preparadas, pero preparadas de una maneta sólida, siempre sabremos vencer con el auxilio divino todos los obstáculos que se interpongan y siempre lograremos salir adelante en las pruebas.

Temple ante las pruebas

Pronto se demostró que no eran sólo palabras. La murmuración, triste hija de la envidia y que anida en los corazones mezquinos, empezó a minar el terreno que pisaba María de la Luz. Se le acusó con la gastada excusa de que sólo quería sobresalir, de andar en busca de honras y dignidades. Los envidiosos criticaron sus discursos y deformaron sus hechos. Corría el año 1932 y la persecución contra la Iglesia en México afloraba nuevamente con renovados bríos, después que los cristeros habían depuesto la defensa armada, por obediencia heroica a las autoridades. Entonces, se hizo menester trabajar con cautela y bajo sigilo. La sospecha y contradicción contra María de la Luz también crecen, enturbiando la confianza de sus compañeras, mientras ella prueba en su corazón el amargo desengaño.

Está preparada. Su fe y esperanza están depositadas en Dios. No se desanima ante las pruebas, porque su firmeza de carácter también se hace presente para sostenerla en apoyo de la gracia que no le falta. ¿Su secreto? La vida de gracia: acude a su confesor al que le cuenta lo que ocurre, y todos los días pasa un rato delante del Sagrario de donde termina de salir fortalecida, haciendo suyas aquellas mismas palabras de Nuestro Señor que encierran toda la fortaleza y prontitud del cristiano delante de la prueba: *hágase tu voluntad, así en la tierra como en el cielo...* Al mismo tiempo, como una nueva fuente de gracias y virtud sobrenaturales, es admitida a la Tercera Orden Franciscana.

No descuida el trabajo en su propia perfección, al tiempo que se preocupa por el bien espiritual del prójimo. ¿De dónde sacaba energías para mantenerse en pie de lucha? La frecuente recepción de la Eucaristía le daba fuerzas para continuar la entrega diaria de su vida comprometida con Cristo en la caridad hecha vida. Tal como le tocó vivir ese periodo difícil en la historia nacional, se puede señalar que la juventud representó para María de la Luz un horizonte sin límites; el riesgo de afrontar el peligro constante y un amor por las altas empresas, con la firmeza de su mirada puesta en la luz que todo lo alumbra y vivifica: en Jesucristo Rey.

Vocación personal. Es interesante preguntarse por qué no se casó, viviendo en una época donde los jóvenes eran más maduros moralmente, y a los veinte años o menos incluso ya contraían el sacramento del matrimonio, vínculo sagrado de por vida. Pero ella no consideró para sí la opción del matrimonio, quizá porque ya bullía en su corazón el plan que fue madurando y que sólo la muerte pudo deshacer. Y es que meditaba mucho el plan de entrar como religiosa en un convento de capuchinas, como alguna vez lo comunicó por carta a su papá.

Ciertamente hubiera ido bien preparada al convento, pues era una estudiante aplicada en las verdades de la fe y en la práctica coherente de la vida católica. Cuando llegó a ocupar el puesto de jefa de su grupo en la Acción Católica, emprendió con gran empeño los estudios de apologética y sociología. Procuraba organizar reuniones con sus compañeras e infundir vitalidad en los círculos de estudios, cuya principal cooperadora era ella misma.

La pesadilla de los *Camisas Rojas*

El año 1934 dejó en los corazones de los habitantes de la capital –según refiere el Padre Cardoso en su mencionado libro sobre los mártires– una pesadilla dolorosa que atravesó regando sangre y fuego para hundirse pronto en el abismo de sus propias monstruosidades. Los llamados *Camisas Rojas* habían sido organizados en la capital de México por su protector y jefe, Tomás Garrido Canabal, un sujeto terrible y sanguinario, quien antes había tiranizado su estado natal Tabasco, y que de modo sorprendente era entonces ministro de agricultura en el gabinete del gobierno de Lázaro Cárdenas (1934 – 1940). Debido a sus ideas comunistoides Cárdenas creyó que la funesta experiencia de Garrido Caníbal, durante los años que fue gobernador en Tabasco, también sería oportuno trasladarla a la capital del país, en el necio intento de "desfanatizar" a la gente. Se entabló entonces en la capital del país una nueva lucha cruel y cobarde contra los católicos por parte de aquellos sujetos descontrolados, pero con protección oficial.

Ya no se atacaba a tal o cual representante católico, sino que era el odio formal contra Jesucristo el que reptaba y se retorcía en los corazones de los *Nerones* de turno, que nunca faltan. Su objetivo era directo pues no lo escondían: pretendían una vez más borrar de la sociedad el nombre de cristiano; su método seguía al renglón los dictámenes del comunismo: propagar la lucha de clases, empleando toda la violencia que fuera necesaria para sembrar el odio contra la religión, y fomentar la división en la familia. Había que inocular en las almas inocentes de los niños el odio a Dios y a sus padres apoderándose de sus conciencias para "crear una nueva alma nacional". Los *Camisas Rojas* actuaban, pues, conforme a un programa con objetivos bien definidos.

Tomás Garrido Canabal y sus inciviles secuaces querían repetir en la capital del país las funestas experiencias de Tabasco, donde habían cometido impunes asesinatos. Por citar un caso de entre los varios crímenes que le reclama la historia, habían destruido e incendiado iglesias con gente dentro[5]. En su ideología cargada de ignorancia y de odio contra la religión cristiana se dieron a la perversión de los niños, expulsaron a todos los sacerdotes de Tabasco y proscribieron todo cuanto sonara a cristiano. Eso lo había logrado hacer en Tabasco, donde Garrido Canabal imperó como un cacique absoluto y pudo desplegar su tiranía después de eliminar a quienes le hacían sombra.

Una "lección de civismo y cultura"

Un lamentable hecho de la aplicación de su salvaje conducta ocurrió en la capital. Homero Margalli, un incondicional de Tomás Garrido, tenía a sus órdenes la policía de Coyoacán por el año 1934. Tiene el propósito de dar una "lección de civismo y cultura" y el medio que elige será incendiar la parroquia. La fecha escogida: un frío y despejado domingo de diciembre. La gente recorre las calles con vestidos domingueros, la parroquia de San Francisco está llena de niños y adultos que cumplen con el precepto de la Misa.

Son las nueve de la mañana y fuera de la parroquia, en el amplio atrio, empieza a reunirse un grupo de *Camisas Rojas*, todos son apenas muchachos de entre 14 y 18 años, pero intoxicados por

---

[5] En 1930, dos oficiales de la guardia de Garrido Canabal rociaron de gasolina las puertas, las ventanas y el techo de una iglesia en San Carlos, Tabasco, y luego le prendieron fuego, estando ochenta personas dentro, las cuales murieron quemadas en el incendio. (Cf. Schlarman Joseph, en *México, Tierra de volcanes*, ed. Porrúa, México, p. 641)

el odio y con las peores intenciones reflejadas en el semblante. Han llegado allí y están adoctrinados por sus jefes a la violencia, ¡y ya quieren pasar a la acción cuanto antes! Primero, con sus palabras y actitud irreverente mortifican y escandalizan a los pacíficos moradores de Coyoacán que se dirigen al templo. Al calor de las copas bebidas momentos antes en compañía de Margalli, se caldean sus cabezas y pasan de los insultos a las amenazas.

"Es preciso derribar las trincheras de ignorancia donde se oculta Jesucristo, es preciso derrocarlo para que ellos, los rojos, puedan controlar el mundo" en su puño de odio y división. Los discursos se siguen cada vez más virulentos, y entonces por la población corre la noticia de que van a incendiar la iglesia, siguiendo sus pésimas costumbres de Tabasco.

La noticia viene a rasgar la paz de una mañana dominguera en la casa de la familia Camacho, que se disponía al descanso y a pasear. María de la Luz no lo duda un instante. Hay que defender la parroquia; demostrar que Jesucristo no carece de partidarios valientes. Al enterarse de las criminales intenciones de los rojos se viste su mejor vestido de seda verde, e invita a su hermana Lupe a seguirla. A la pregunta de aquélla de por qué se pone tan elegante, contesta con prontitud: "cuando se trata de defender a Cristo Rey conviene ponerse el más hermoso vestido".

"¡Maldito sea Cristo Rey!"

Mientras atraviesan el hermoso jardín de la plaza de Coyoacán, camino de la iglesia, resuenan en sus oídos las voces de muerte de los *Camisas Rojas*. Uno de los asaltantes detiene a las jóvenes, con amenazas terribles. María de la Luz les responde: "¡No tenemos ningún miedo; estamos dispuestas a morir por Cristo Rey!"

Llegan a la parroquia de San Francisco. El sacerdote va a dar comienzo a la misa; escucha las voces enfurecidas de los rojos y el cuchicheo angustioso de los fieles dentro, pero no cree que el peligro sea inminente. La misa empieza, mientras fuera en la plaza los *Camisas Rojas* blasfeman y han colocado una bandera roji-negra sobre una cruz de misión en el atrio, frente a la fachada del templo. Un desafío más.

María de la Luz permanece alerta a las puertas de la parroquia frente al enemigo. Uno de aquellos muchachos –su antiguo catequizado– se acerca a rogarle que se retire; pero ella no se mueve. Mientras, suena dentro de la iglesia la campanilla que anuncia el momento del *Sanctus*. Afuera, los comunistas renuevan su odio anticlerical con amenazas "¡mueran los curas!, ¡abajo la Iglesia!" Una veintena de personas sale al exterior, temerosa del ataque que puede efectuarse en cualquier momento; a los asustados niños se les conduce por una puerta lateral al claustro del vecino convento. El sacerdote consume rápidamente las especies sagradas.

Los *Camisas Rojas*, embriagados en su propio odio, blasfeman con insistencia: "¡Maldito sea Cristo Rey! ¡Maldita sea la Virgen de Guadalupe!" María de la Luz está pálida pero responde cada vez con mayor firmeza: "¡Viva Cristo Rey!, ¡Viva Santa María de Guadalupe!" Uno de los circunstantes anima a su mujer: "grita tú también como esa muchacha". Los rojos están indecisos, con sus revólveres apuntan a los indefensos católicos...

De repente, a la señal convenida: "¡viva la Revolución!", a escasos metros uno de los revólveres apunta y abre fuego. La víctima escogida no es intencional: María de la Luz Camacho cae con el pecho herido, cortándose en sus labios el grito valiente "¡Viva

Cristo..!". Ya hay una víctima; el sacrificio está consumado. Sobre el duro suelo del atrio de Coyoacán yace bañada en su propia sangre, la valiente mártir de la Acción Católica. Era el 30 de diciembre de 1934.

Murió por Cristo Rey

En el viejo cementerio de Coyoacán llamado del *Xoco*, bajo el verde follaje de los árboles, había un sepulcro blanco cuyos macetones se llenaban de flores de hermosos colores. En una lápida resaltaba, en bajo relieve, el busto de una joven. Con un sencillo y glorioso epitafio:

María de la Luz Camacho a la edad de 27 años,
el 30 de diciembre de 1934 murió por Cristo Rey.

El traslado de los restos de la mártir al cementerio, a comienzos de enero del año siguiente, fue una apoteosis en que una multitud de treinta mil personas por las calles de Coyoacán aclamaban: "María de la Luz, virgen y mártir, ruega por nosotros". Y monseñor Pascual Díaz, entonces arzobispo de México, al reunirse al cortejo exclamó con vibrante voz: ¡Viva la primera mártir de la Acción Católica! Mantuvo la firmeza de su carácter y de sus convicciones hasta el final, porque se mantuvo firme en el amor de Cristo Rey de las almas.

En la actualidad, los restos mortales de la mártir de Coyoacán, María de la Luz Camacho González, Sierva de Dios, descansan en una sencilla urna dentro de una caja de cemento que se conserva a la entrada de la parroquia de San Francisco, en Coyoacán, a escaso metros de la puerta donde fuera victimada por el odio a Cristo y su Iglesia, por parte de sus perseguidores.

Son muchos los visitantes, turistas o vecinos del barrio y de toda la capital mexicana, que pasean por el hermoso parque de Coyoacán –un lugar lleno de color y de vida– y que al entrar al histórico templo colonial de San Francisco, se detienen unos instantes para leer la sencilla inscripción que está colocada encima de la urna:

Sierva de Dios María de la Luz Camacho González
- 17/V/1907 + 30/XII/1934 - Mártir

3
LEONOR SÁNCHEZ LÓPEZ

Una rosa tardía en la corona de Cristo Rey

Comenzaba el año 1937 y en el hermoso estado costeño de Veracruz aún soplaban los vientos de la persecución religiosa contra los católicos. Mientras en el resto del país los incendios persecutorios iban extinguiéndose, en el estado costeño algunos furibundos anticlericales, contando con el apoyo del gobierno local, querían mantener a toda costa la mano dura con la aplicación total de los injustos artículos constitucionales contrarios a la más elemental libertad religiosa de los ciudadanos.

El ingente número de muertos que la guerra había dejado por todo México, el luto que vestían casi todos los hogares; la tragedia desatada por su despiadada persecución no contaban o no decían nada para ellos. Sólo prevalecía su odio con el tenaz empeño de ver desaparecer la Iglesia católica y alejar su benéfico influjo moral en las almas de los fieles.

Fuc en esas difíciles circunstancias cuando una rosa tardía, otra sencilla y humilde hija de la nación mexicana, fue segada en plena juventud cuando ya ofrecía su perfume, rica de virtud heroica. Esta vez los hechos ocurrieron en Orizaba, la industriosa ciudad veracruzana al pie del Pico homónimo y cúspide máxima de la nación.

El gobierno del estado no había permitido la apertura de los templos clausurados desde hacía varios lustros, y bajo el mandato del gobernador Adalberto Tejeda –un individuo violento, lleno de prejuicios religiosos contra la religión y contra los católicos– se había establecido arbitrariamente que sólo ¡un sacerdote por cada cien mil católicos podía ejercer su ministerio en todo el Estado! Así pues, los creyentes continuaban –todavía en la década de 1930– en una situación de catacumbas para poder celebrar los sagrados oficios y recibir los sacramentos.

En Orizaba, como en el resto de Veracruz, el catolicismo popular era fervoroso y muchos fieles de la industriosa ciudad se reunían en una modesta casa en donde vivía refugiado un anciano sacerdote. Desafiaban las injustas leyes civiles, porque amaban más el juicio de Dios que el de los hombres. Los domingos, en especial, afluía allí una pacífica multitud para cumplir con el precepto de la santa Misa y recibir la comunión.

Hija de padres obreros

Entre aquellos fieles valientes, que desafiaban las bravatas de los tiránicos gobernantes se distinguía una joven de veinte años de edad, Leonor Sánchez López, hija de padres pobres de bienes materiales pero ricos de los espirituales, quienes supieron infundirle desde muy niña una sólida piedad cristiana. Durante su adolescencia le sorprendió la racha de persecución inhumana contra la Iglesia católica, y juntamente con otras chicas de su edad y de su mismo celo cristiano, formaron una asociación piadosa bajo el patronato de Santa Teresita del Niño Jesús, cuyo objeto era impulsar precisamente la piedad y vida cristiana de las jóvenes, quienes en la soledad de los santuarios no encontraran al Divino morador del Sagrario, que es tan necesario y buen amigo sobre todo en esa florida edad llena de promesas.

En medio de aquel desierto creado por la maldad y obstinación diabólica de los perseguidores, aquellas jovencitas parecían representar las rosas que la sencilla santita francesa del Carmelo de Liseux, en las cercanías de su muerte, prometió regar profusamente sobre la tierra. Como una de esas rosas descollaba por su caridad y por el perfume de sus virtudes la hija de unos humildes obreros, Leonor Sánchez.

Se consuma la tragedia

El domingo 7 de febrero de 1937 numerosos fieles de Orizaba se dirigieron como de costumbre con gran discreción a la modesta casita donde el anciano sacerdote celebraba la santa Misa. Leonor no sólo era de las primeras asistentes, sino de las organizadoras de la ceremonia.

Por su parte, los impíos y los secuaces del gobierno perseguidor habían preparado para esos días una de las mascaradas y fiestas, con que suelen "celebrar" el carnaval, dándose a los excesos pero también al mal gusto. Para ellos que los católicos se reunieran para la Misa, en vez de acompañarlos a secundar el jolgorio de la mascarada y las bufonadas, les cayó muy mal, por lo cual de inmediato les vino la perversa idea de "darles un escarmiento".

Ya cerca del fin de la Misa, un numeroso grupo de policías –o sujetos vestidos como tales– y esbirros sin oficio ni beneficio se apostaron fuera de la casa-catacumba; a la voz de mando penetraron gritando en ella e impidieron la terminación de los santos misterios.

- ¡Fuera, fanáticos farsantes, terminen ya con su falsa misa, fuera!

- Lo que necesitan es una buena lección y nosotros se la vamos a dar, ¡ya verán!

La multitud espantada comenzó a salir a empujones por las puertas y ventanas de la casa, y entonces en medio de aquella confusión ocurrió la tragedia. Algo que hoy no se puede calificar menos que de cobarde y recaprichante, pero que sólo comprendieron bien aquellos que vivieron durante esos años dolorosos de persecución. Los soldados y esbirros armados comenzaron a golpear y a disparar sus armas contra la multitud indefensa que huía...

Algunos cayeron heridos; un niño y un hombre quedaron tendidos. Por su parte, Leonor que procuraba valientemente calmar el pánico desatado y que se dirigía a interpelar a los asesinos de gente indefensa, no pudo avanzar muchos pasos más, porque uno de los asesinos le apuntó con el arma a su corazón y disparó cobardemente. Leonor no tuvo tiempo más que para exhalar en su último suspiro el grito bendito que estaba en boca de todos los mártires mexicanos, ¡Viva Cristo Rey!

La tragedia estaba consumada. Ante la vista de la sangre, de los heridos que se quejaban lastimosamente y de la joven abatida, los asesinos sacaron otro recurso típico de la gente de su calaña: huyeron como cobardes y se dispersaron echando gritos, amenazas y culpando a la asustada gente de lo ocurrido. En fin, ellos se sentían protegidos y a salvo debido a que los Tejedas y demás malos gobernantes eran los primeros perseguidores e instigadores de la violencia.

Una rosa tardía recién cortada, empapada en su propia sangre, había volado a unirse a la corona de homenaje que los mejores hijos de México ofrecieron en aquellos días gloriosos a la grandeza real y divina de Cristo Rey de las almas y Salvador del mundo.

Entierro triunfal

Aquella tragedia fue la gota que colmó el vaso, porque entonces el pueblo de Orizaba no se contuvo más y se lanzó en masa a la calle para exigir al mal gobierno el respeto de sus derechos más sagrados. Grupos organizados y decididos de todas las edades comenzaron con la apertura de los varios templos e iglesias de la ciudad, algunos de notable valor artístico como La Concordia, San José, el Carmen, el Calvario, la Catedral, etc. y de allí se pasó luego para abrir los de otras poblaciones cercanas. Ya nada los detuvo en su decisión por restablecer el culto público. El martirio de Leonor había sido la campanada que despertó sus conciencias.

Al funeral en la iglesia Catedral y posterior al entierro de la joven mártir Leonor Sánchez, puede decirse que asistió Orizaba completa. Por las calles del centro la multitud se agolpaba ordenada, siguiendo el paso del féretro, mientras los niños le arrojaban flores multicolores. Los hombres y las mujeres entonaban cantos religiosos, como aquellos aprendidos de su pastor, el santo obispo Rafael Guízar Valencia. Por toda la avenida Madero hasta llegar al bello jardín de la catedral orizabeña, los cantos religiosos se multiplicaban como ecos, y nadie fue capaz de prohibir lo que por tantos años los fieles habían querido expresar: su fe sincera en Cristo Rey.

México siempre fiel

La fe se conserva en México gracias también al testimonio heroico que han dejado sus mártires; una fe hecha vida y llevada hasta las últimas consecuencias como es el entregar la propia vida antes que traicionar a Dios y la propia conciencia, precisamente cuando las circunstancias se tornan más difíciles.

Es la misma fe que Juan Pablo II pudo observar en los numerosos viajes que hizo a México y que marcaron profundamente su pontificado de misionero universal. El testimonio que aparece a continuación lo formuló el actual cardenal Stanislaw Dziwisz, en una entrevista realizada en junio de 2006, hoy arzobispo de Cracovia y por muchos años secretario particular y memoria histórica de Juan Pablo II:

«... México fue para Juan Pablo II: su segunda Patria. México siempre amo a Juan Pablo II y el Papa lo sabía. Me repetía siempre: "Quiero ir a México, quiero visitar a México". Siempre se informaba de la situación de allá». «El Papa Juan Pablo II, aunque enfermo, quería regresar a México y honrar a la Virgen de Guadalupe. Se emocionaba». «México es un gran patrimonio para el catolicismo. Obviamente hay algunos problemas, pero todo el mundo católico tiene los mismos problemas. Pero nunca he encontrado, en ninguna parte del mundo, una fe tan viva, tan sincera, tan popular, en el sentido más noble del vocablo... Yo amo aquella tierra, todo allá resulta bueno, valiente».

4

MARÍA ROMO, "QUICA"

(Detrás de todo gran hombre hay una gran mujer)

A María Romo González la llamaban en su familia "Quica". Ella es la hermana de un santo de nuestro tiempo muy conocido en México y en los Estados Unidos, santo Toribio Romo, el cual ha sido bautizado como "Patrono de los mojados", es decir de quienes cruzan la frontera clandestinamente en busca de trabajo. Ella gastó los mejores años de su existencia para lograr que se hiciera realidad el sueño de sus dos hermanos menores de llegar al sacerdocio y murió ayudando a otros muchachos pobres en su formación sacerdotal.

Ella estuvo presente en aquella madrugada cuando martirizaron al Padre Toribio, en la barranca de Tequila, y después recibió el cuerpo acribillado de su hermano en sus brazos, mientras le dirigía las últimas palabras que oyeron sus oídos cuando encomendaba su alma a Cristo Rey.

Ella pasó los últimos años de su preciosa vida haciendo el bien, porque sin pensar en sí misma se dedicó a sostener con su trabajo callado y sacrificado a muchos seminaristas pobres que así pudieron culminar sus estudios sacerdotales.

¿Quién era María Romo, "Quica", la hermana mayor de un santo, una mujer admirable y muy poco conocida que renunció a formar su propia familia para dedicarse en cuerpo y alma a servir a los demás?

Santa Ana de Guadalupe

Los orígenes de esta población. Algunas familias españolas se radicaron desde finales del siglo XVI en la amplia región del occidente de México, que llamaron la Nueva Galicia, en lo que hoy corresponde al estado de Jalisco. Se establecían las familias pioneras en estancias o caseríos que erigían en las zonas de su gusto, preferentemente con buena tierra para el cultivo y con agua a disposición.

Por el año de 1678 llegaron los Romo de Vibar, los González, los Martín del Campo, los Ximénez, los Pérez y otras familias más a un lugar que bautizaron con el nombre de Santa Ana, situado a cuatro leguas del pueblo de Jalostotitlán. Los Romo y los González son los ancestros de santo Toribio y de su hermana María o "Quica" como cariñosamente la llamaban sus familiares.[6]

Patricio Romo y Juana González, ambos sencillos y honrados campesinos del rancho de Santa Ana, contrajeron matrimonio religioso cuando el siglo XIX se acercaba a su ocaso. Fueron padres de siete hijos: María Marcos (Quica), María del Refugio, José Francisco, María Hipólita (Pola), José Toribio, José Cleofás (que murió poco después de nacido) y José Román. Toribio y Román llegaron al sacerdocio y fueron los primeros sacerdotes hijos del rancho de Santa Ana.

[6] La información procede de una fuente principal, las Memorias escritas por el P. Román Romo, hermano de Toribio y de María, y reeditadas en un librito con el título: *Santo Toribio Romo. 21 de mayo de 2000*, que se puede adquirir en el santuario del mártir en Santa Ana de Guadalupe, Jalisco.

La familia Romo González. María "Quica" es la segunda a la izquierda, sentada en la fila del medio. El Padre Toribio aparece, de pie, con sotana

Vocación de Quica

María "Quica" era seis años mayor que Toribio y desde muy joven fungió como una segunda madre de sus hermanos menores. Su vida siempre fue modesta y sencilla, como la vida de una muchacha campesina creyente y hacendosa de principios del siglo pasado, en Jalisco. María tuvo un novio, pero ese noviazgo no llegó a concretarse en promesa de matrimonio y terminó. Sin embargo, no hubo ningún drama por eso, pues Quica entendió que tal vez el matrimonio no era su camino y que entonces debía poner toda su confianza en la divina providencia; ya se vería más delante cuál era su vocación.

Por la casa de la familia Romo González algunas veces pasaban los sacerdotes cuando iban a confesar a los enfermos en Santa Ana y allí les daban hospedaje y alimento. Entonces María aprovechaba esas oportunidades para platicar con ellos, les hacía preguntas acerca de la religión y les acercaba al pequeño Toribio para que le hablaran de la vida sacerdotal. Algunos de aquellos sacerdotes viendo al pequeño despierto y espabilado le insinuaron que también Toribio podría tal vez llegar un día al sacerdocio.

Quica no lo dudó y desde entonces alimentó un secreto propósito de consagrar su vida para ayudar a su hermano menor si quería ser sacerdote, puesto que eran tan pobres ella sabía perfectamente que sus padres no podrían costearle todos los gastos en el seminario.

De esto se valió Dios también y sin desvirtuar el hecho que la llamada sacerdotal es un don suyo particular, lo cierto es que prendió con tal fuerza en el alma de Toribio la semilla de la vocación, que hasta en sus juegos afloraba este anhelo. “En los troncos de los árboles fabricaba altarcitos, de barro hacía cálices, vinajeras y en sus juegos contaba con monaguillos y sacristán. Les rezaba el rosario y hasta les echaba sermones; unos le hacían caso y otros se burlaban del padrecito pitacoche”.[7]

En una apacible tarde de otoño, allá en Santa Ana de Guadalupe, Quica y su hermana María Hipólita (Pola) se encontraban debajo de un frondoso mezquite cosiendo un alba para el Padre Juan Pérez, quien iba a celebrar su cantamisa por esos días. El pequeño Toribio tendría entre cuatro o cinco años y rondaba el lugar donde trabajaban sus hermanas mayores. Llegándose a ellas tocó el alba y preguntó a Quica:

---

[7] Cf. Memorias del P. Román Romo, idem, p. 18

- ¿Qué están haciendo?
- Mira, es un alba para el Padre.
- ¿Algún día me pondré una de estas?..

"Pola" lo miró y le dijo en tono burlón:

- No se hizo la miel para el hocico de los burros.

Quica, como reprendiendo a su hermana, respondió a Toribio con unas palabras que después resultaron proféticas:

- Sí, no se hizo la miel para el hocico de los burros, pero tú te pondrás una de éstas.[8]

El día más feliz de su vida

Una mañana de Pascua de 1907, a la edad de siete años, Toribio recibió por vez primera la Sagrada Comunión. Fue un día de fiesta para los niños y niñas, engalanados de blanco, y para todas las buenas gentes del rancho, quienes después de la ceremonia religiosa lo festejaron en grande. El sacerdote que celebró la Misa y les dio la Eucaristía, les decía a los niños: "Este es, queridos niños, el día más feliz de toda su vida". Por la noche Quica encontró a Toribio llorando y le preguntó:

- Toribio, ¿por qué lloras?
- ¡Porque se está acabando el día más feliz de mi vida!
- No, Toribio, este día el Niñito Jesús se entregó a ti para toda la vida... ¡pero el día que tú seas sacerdote, tú te entregarás a Él para toda la eternidad!

---

[8] Cf. Santo Toribio Romo, en *Tierra de mártires*, edición de la Diócesis de San Juan de los Lagos, 2002, p. 85

¿Era intuición o mera corazonada de su hermana? Lo cierto es que Toribio recibirá el don del sacerdocio muy joven, con 23 años, y culminará su misión terrena el 25 de febrero de 1928, con el sacrificio de su propia vida en presencia de su misma hermana. Quica desempeñó en todos esos años un papel decisivo para alentar y después sostener la vocación sacerdotal de su hermano, y cuando supo de los firmes deseos de Toribio de entrar al seminario, no dudó en confiarle: "¿De veras quieres irte al seminario? Porque si es así yo no me caso, para ayudarte a que llegues a ser sacerdote".[9]

No había que pensarlo más. ¡Toribio quería estudiar y meterse al Seminario!

- ¡Pero si no ha salido todavía ningún padrecito del rancho de Santa Ana! ¡Qué *puntadas* del muchacho!
- Pues, a lo mejor y este será el primero, Ramón, si Dios lo quiere...
- Pero no seas simple, Patricio, de Santa Ana no ha salido ni padrecito ni monja y ese muchacho te exprimirá hasta lo que no tienes.

En este tono eran algunos de los comentarios que empezaron entonces a circular entre los vecinos y que trataban de influir en don Patricio para disuadirlo, pero los papás de Toribio ante todo eran firmes cristianos y si el chico quería y Dios lo llamaba, pues ellos no lo iban a impedir.

Fueron tales los ruegos de Toribio y la insistencia de María "Quica", que obtuvieron el permiso de sus padres, Patricio y Juana, para trasladarse ambos a la vecina Jalistotitlán, a fin de que él entrara

[9] Idem, p. 85

a la escuela y comenzara su preparación académica que le permitiría un lejano día acceder al altar como ministro de Cristo.

Desde su traslado del rancho y durante más de un año ambos hermanos se enfrentaron a serios problemas para mantenerse en Jalostotitlán. La dura prueba no se hizo esperar pero era mayor la esperanza y la determinación que alentaba en el ánimo de ambos hermanos. ¡No se iban a rendir a las primeras dificultades! Toribio entonces andaría rondando los once años de edad, mientras que María, su hermana mayor, tendría diecisiete.

Las privaciones de María "Quica"

Entonces Quica aceptó algunos encargos de amasar tortillas de maíz a fin de ganar el sustento diario; para esto madrugaba desde las cuatro de la mañana y a esas horas, a la luz de unas pobres veladoras, ya se oía manejar el metate en la casa. Antes de las seis suspendía la dura faena y junto con Toribio se encaminaban a participar en la Misa y recibir la santa Eucaristía en la parroquia; al volver hacían el aseo de la casa y al terminar Toribio se ocupaba de los mandados, que consistían en repartos de los canastos de tortillas a algunos vecinos del pueblo. Almorzaban y después Quica continuaba con la monótona tarea de tortear la masa que había molido por la mañanita.

Toribio se iba a la escuela a recibir sus lecciones, de las que regresaba pasado el mediodía. Entonces llevaba los canastos con nuevas entregas de tortillas hasta antes de la comida. Después tomaba algunos alimentos para volver deprisa a la escuela, pero antes encaminaba sus pasos por la calle empedrada hacia la parroquia para visitar al Santísimo Sacramento y delante del Señor, con las sencillas palabras de un muchacho de su edad, le hablaba de sus sueños de llegar al sacerdocio.

Imaginemos por un momento la escena: Toribio está en la escuela, y mientras tanto, en aquella casa de Jalostotitlán donde ambos hermanos se hospedaban Quica sigue con la faena de preparar los nixtamales para confeccionar las tortillas del día siguiente. Luego, Quica, vete al río durante una o dos horas a lavar ropas ajenas; vuélvete enseguida a casa para planchar la ropa que habías dejado secando. "¿Cómo le estará yendo a Toribio hoy en su clase? Ayer lo vi muy contento y el pobre apenas ni tiempo haya para jugar, pero sea por Dios, ¡está tan ilusionado con llegar a ser un día padrecito!".

Ni una distracción, ni un rato de descanso o tiempo libre para pensar en sí misma. Ella está toda ilusionada y ocupada en ganar el sustento para que su hermano logre sacar los estudios elementares que le permitan entrar al seminario. A eso de las seis de la tarde Quica y Toribio van nuevamente al templo parroquial para rezar el Rosario. Solamente los domingos se conceden un rato de descanso para dar unas vueltas por la plaza, después de concluir la Misa. Al entrar la noche, cenan su merecido sustento mientras platican acerca de las peripecias y cosas más relevantes de la semana, y después:

- "a dormir Toribio, porque debes descansar bien y levantarte mañana para afrontar la nueva jornada. Buenas noches".

Solo Dios sabe cuántos sacrificios hubieron de soportar; ella para sacar el sustento diario y Toribio para estudiar manteniendo encendida la ilusión en su alma de hacer los progresos necesarios antes de entrar al seminario de San Juan de los Lagos.

Así era su vida monótona y sacrificada en aquel pueblo provinciano, por los años 1911 y 1912, mientras en remotas regiones del Norte el México bronco se levantaba gritando revoluciones a lomos de la veloz caballada, y las nubes de oscuras tormentas se arremolinaban sobre el país.

Panorama de Jalostotitlán, Jalisco. Foto de época

Cuando Toribio cumplió los 12 años le llegó el momento de pasar al seminario de San Juan de los Lagos. Para entonces toda la familia ya se les había reunido en "Jalos" (Jalostotitlán), porque mientras Toribio asistía a la escuela parroquial y ayudaba de acólito en la parroquia, Román, el más pequeño, también había iniciado su preparación en la escuela de la maestra Reyitos con la intención de seguir los pasos de su hermano. En esos momentos el siguiente paso era apoyar a Toribio en su traslado al seminario.

> Aquella mañana del 15 de octubre de 1912 como a las diez de la mañana la caravana de familiares del neoseminarista tuvo ante sus ojos el hermoso panorama de la ciudad de San Juan de los

Lagos, su magnífico santuario con sus esbeltas torres, sus sonoras campanas, que en esos momentos llamaban al rezo del santo Rosario, era su mes. Una vieja casona de la calle del Buen Viaje a un costado del mesón del Perro fue la habitación de la familia de Toribio.[10]

Los sentimientos maternos de Quica

¿Cuáles eran los sentimientos de María "Quica" y con qué espíritu soportaba las duras privaciones de su vida? Ella contemplaba la vocación al sacerdocio de sus hermanos menores con un corazón de madre. Desde muy joven se había acostumbrado a las duras faenas del hogar campesino, que cada año se llenaba de nuevas bocas por alimentar y dado que se trataba de la hija mayor desde un inicio ella fue el brazo derecho de mamá Juana.

Acostumbrada a la austeridad personal y a todo tipo de sacrificios para ayudar a los demás, Quica no pensaba en sí misma, sino en cómo amar a Dios y servir a sus semejantes. Las virtudes cristianas eran en ella valores sociales, pues dichos valores se respiraban de modo natural en las familias numerosas y católicas de entonces. Seguramente esos eran algunos de los sentimientos íntimos que habitaban el corazón de aquella muchacha alteña de dieciocho años, de mirada pura y virtuosa, como las mejores de su tierra.

¿Cuántas "Quicas" anónimas, madres y hermanas hay en el mundo, que sacan adelante a sus familias en medio de mil dificultades? Ella es un ejemplo de mujer virtuosa y en esto podemos decir que supo imitar con su vida las virtudes de la Santísima Virgen, del modo como lo expresa el Papa:

---

[10] Cf. Memorias del P. Román Romo, idem, p. 20

> Entre los Santos, sobresale María, Madre del Señor y espejo de toda santidad. El *Evangelio de Lucas* la muestra atareada en un servicio de caridad a su prima Isabel, con la cual permaneció « unos tres meses » (1, 56) para atenderla durante el embarazo. *« Magnificat anima mea Dominum »*, dice con ocasión de esta visita —« proclama mi alma la grandeza del Señor »— (*Lc* 1, 46), y con ello expresa todo el programa de su vida: no ponerse a sí misma en el centro, sino dejar espacio a Dios, a quien encuentra tanto en la oración como en el servicio al prójimo; sólo entonces el mundo se hace bueno. María es grande precisamente porque quiere enaltecer a Dios en lugar de a sí misma. Ella es humilde: no quiere ser sino la sierva del Señor (*Lc* 1, 38. 48). Sabe que contribuye a la salvación del mundo, no con una obra suya, sino sólo poniéndose plenamente a disposición de la iniciativa de Dios.[11]

Su misma decisión de renunciar al matrimonio para dedicarse en cuerpo y alma para ayudar a sus hermanos menores hasta verlos coronar después de tantos sacrificios la meta del sacerdocio. Se puede decir que en eso consistió la vocación de María Romo "Quica". A ejemplo de María de Nazaret, quien supo estar a la sombra de Jesús su divino Hijo, así la humilde muchacha de Santa Ana Guadalupe desgastó sus mejores energías en la noble tarea de apoyar la vocación de sus hermanos. No cabe duda que detrás de cada gran hombre se encuentra una gran mujer.

---

[11] S.S. Benedicto XVI, carta encíclica *Deus Caritas Est*, 25 de diciembre de 2005, n. 41

Más privaciones debido a la guerra

Años más tarde cuando el Padre Toribio recibió los primeros encargos ministeriales por orden del señor arzobispo Francisco Orozco y Jiménez, la familia le siguió en un primer momento al pueblo de Cuquío, Jalisco, y después a la capital Guadalajara donde vivían en una situación de gran pobreza. La guerra cristera estaba en su apogeo y de modo particular en aquellas regiones del país, donde la persecución contra los católicos se hacía más sangrienta y por tratarse de la familia de un sacerdote sea la vida del Padre Toribio como la de sus familiares corría continuo peligro.

Quica prodigaba sus atenciones y cuidaba con amor a sus ancianos padres en Guadalajara. Ni siquiera cuando su hermano menor Román recibió el sacerdocio, en diciembre de 1927, la familia Romo González pudo reunirse en Santa Ana para el Cantamisa que habían programado para el día 5 de enero de 1928, porque eran demasiados los peligros a los que se exponían. Así que tuvieron que conformarse en hacerlo en Guadalajara de manera oculta, empleando para ello el oratorio particular de una familia amiga.

El culto público estaba suspendido en todo el país, los templos cerrados y los sacerdotes se veían obligados a celebrar los sacramentos de modo clandestino, ayudados y ocultados por los fieles. Los católicos mexicanos conocieron entonces una situación parecida a la de los primeros cristianos en las catacumbas romanas, que les sirvió para fortalecer la fe en Dios y su santa providencia.

Una señora anciana recuerda así aquellas misas:

> Tengo muy vivos recuerdos de sus celebraciones del culto en la sierra. Las realizaba a campo abierto. Sus seguidores, entre el can-

to de las aves, entonaban alabanzas al Señor. El Padre lucía revestido con sus ornamentos blancos, de una blancura que destacaba sobre la de todos los hombres que vestían camisa y calzón blanco... Las misas eran en lo más tupido de la sierra o en lo más profundo de una barranca donde sólo cruzaba el grito colorido de una guacamaya. Ahí celebraba con gran devoción el santo sacrificio de la misa. Todos llenos de humildad, con más miedo al Creador que a toda la federación. [12]

En la barranca de Agua Caliente

La parroquia de la población de Tequila fue el último y definitivo destino pastoral del Padre Toribio, a donde llegó en septiembre de 1927. Entre tanto, su hermano Román recibía las sagradas órdenes del presbiterado el 18 de diciembre de ese año, y después del Cantamisa celebrado con toda la familia en Guadalajara, en enero de 1928, Román fue destinado también a Tequila como vicario cooperador del Padre Toribio. El 6 de enero de mañana ambos hermanos sacerdotes dieron la bendición a toda la familia; después se hincaron para recibirla a su vez de sus padres. Era la última bendición familiar del Padre Toribio.

Se instalaron cerca de Tequila en la Barranca de Agua Caliente, y ahora los dos hermanos se dividieron el trabajo pastoral resultando así más provechoso y efectivo. ¿Y, María Quica, qué había sido de ella entre tanto? En Guadalajara se ocupaba de atender a sus papás, pero viendo que ahora sus dos hermanos vivían solos pensó que su colaboración les era necesaria. "En sus cartas María insistía en estar con ellos para atenderlos mejor en sus labores ministeriales

[12] Cf. Testimonio de Victoria Álvarez Berumen, reportado en *Pueblos del Viento Norte*, U. de Guadalajara, Amate editorial, Guadalajara 2002, p. 221.

y aún ella podía ayudarlos en la instrucción religiosa, y a fines del mes de enero, juntos los tres hermanos la vida mejoró y María, con grande entusiasmo se dedicó a dar catecismo a los niños y a los grandes; convertida en una mujer misionera"[13].

Muchos siglos atrás y pocos meses antes del nacimiento de Jesús, una sencilla muchacha de corazón puro se encaminó desde su aldea hacia la montaña para ponerse al servicio de su prima Isabel, que era varios años mayor y que también esperaba un hijo. Servir a su prójimo con delicadeza y amor fue el programa de vida de María de Nazaret y su ejemplo lo han recogido e imitado las generaciones de creyentes en todo el mundo. María Quica se dirigió así también a la Barranca de Agua Caliente donde la esperaban sus hermanos y donde desplegó sus mejores cualidades femeninas ayudando en los servicios de casa y en la formación cristiana de los niños y de los adultos.

Testigo del martirio de su hermano

Tequila, en la roja tierra del altiplano de Jalisco, habría de ser la última etapa de la peregrinación terrena de Toribio. Sus enemigos buscaban con rabia y odio criminal a los dos sacerdotes escondidos en las entrañas de la barranca. El viernes 24 de febrero de 1928 el Padre Toribio, después de despedir por la mañana a su hermano el Padre Román, dándole un encargo intempestivo, pasó el resto del día retirado y el sábado 25 quiso celebrar la Misa a las cuatro de la mañana, pero se caía de sueño. Se fue a descansar un rato, vestido como estaba y se quedó dormido. Quica estaba sentada allí cerca y también dormía.

[13] Cf. Memorias del P. Román Romo, idem, p. 50

Los soldados lo descubrieron en su escondite el 25 de enero de 1928, pero para esto no faltó un judas que ya lo había delatado a cambio de unas míseras monedas. A las cinco de la mañana, siguiendo las indicaciones del traidor que lo denunció, bajaron sigilosamente la barranca y penetraron en la habitación del señor León Aguirre, encargado de cuidar la finca[14]. Pero al abrir la puerta uno de los agraristas exclamó: "Este no es el cura". A continuación dieron con la puerta del cuarto donde dormía el Padre Toribio, y uno de los esbirros le quitó el brazo que le cubría la cara y gritó:

- ¡Este es el cura. ¡Mátenlo!

Sorprendidísimo se despertó el Padre Toribio, quien apenas tuvo tiempo para darse cuenta de lo que ocurría y decir:

- Sí, soy, pero no me maten...

No pudo concluir la frase. Los soldados y agraristas lo acribillaron a balazos inmediatamente al grito de "¡Muera el cura!" Con pasos vacilantes el Padre Toribio caminó hacia la puerta y una segunda descarga lo hizo caer muerto en brazos de María "Quica" que en aquellos momentos asistía igual o más sorprendida a la terrible escena. María reaccionó y se dirigió a su hermano:

- ¡Valor, padre Toribio..! ¡Jesús misericordioso, recíbelo...Viva Cristo Rey!

---

[14] Cf. Conferencia del Episcopado Mexicano, *"¡Viva Cristo Rey!"*, México 1991, pp. 136

Fueron las palabras que su heroica hermana gritó ante los asesinos. Los soldados sacaron el cadáver del sacerdote mártir, y entre burlas y con palabras gruesas mortificaban a la pobre María, que en esos momentos también vivía el martirio moral en su propia alma. Los vecinos del rancho, mortificados por la pena tan grande de ver asesinado a su santo pastor, rápidamente improvisaron con palos y ramas una humilde parihuela y así subieron la barranca con el cuerpo del sacerdote mártir hacia la población de Tequila. Delante y detrás del cadáver iba la tropa de soldados y agraristas, quienes cantaban canciones vulgares y silbaban muy ufanos de su *hazaña*.

Con el martirio moral en su propia alma

El cadáver fue regando con su sangre el suelo pedregoso de la barranca, el camino y la entrada de Tequila. Detrás del cadáver iba su hermana María Quica rezando el rosario, descalza y a pie. Al llegar a la población de Tequila los soldados y agraristas armando gran alboroto tiraron el cadáver del sacerdote en la plaza, frente a la presidencia municipal, ante la consternación de los vecinos como si se tratara de un animal cazado en el monte.

Para despedirse de su hermano mártir, Quica se arrodilló junto a su cadáver y rezó una oración. Empapó su rebozo de la sangre y en la frente le dio el último beso. Y a Quica la llevaron detenida, descalza, al cuartel de los federales en La Quemada, municipio de Magdalena. Allí la tuvieron presa durante tres días y casi sin tomar alimentos, pero su fe y su amor a Dios eran su fortaleza durante la dura prueba.

Mientras tanto la gente de Tequila reclamaba el cuerpo del mártir, pero los militares y los clerófobos se lo impedían; finalmente por la tarde, con mucha dificultad un vecino del pueblo, tras violenta discusión, logró el permiso de retirar el cadáver ensangrentado para llevarlo a su casa donde lo lavaron y amortajaron para velarlo y disponerlo para el sepelio. La gente empezó a llegar. Los Rosarios se sucedían uno tras otro; la buena gente rezaba de rodillas, velando el cuerpo del mártir. Muchos tomaban algodones y los mojaban en la sangre que aún manaba de sus heridas para guardarla como reliquia. Durante dos días aquella sangre permaneció fresca y sin mal olor.

El domingo 26 de febrero de 1928, en imponente procesión por la tarde todo el pueblo condujo el cadáver del sacerdote mártir al cementerio, llevándolo triunfante en hombros, rezando y entonando himnos a Cristo Rey. Era su canonización popular.

Finalmente, después de tres días de soportar el hambre, la sed, las burlas e insomnio, y con el vivo dolor de no haber podido acompañar a su hermano en el entierro, aquellos hombres indignos, que no merecen el título de soldados, dejaron libre a María. Llevaba la pobre sus humildes vestidos aún manchados con la sangre de su hermano y en el alma las huellas del martirio moral al que la sometieron los verdugos.

Después ella se trasladó como pudo a Guadalajara, donde sus familiares la recibieron con un gran abrazo, entre abundantes lágrimas y con todo el amor que ameritaba. Aunque demacrada y débil, Quica supo consolar a su familia, con estas palabras admirables de una mujer de fe:

- ¡No debemos llorar: el Padre Toribio ya está en el cielo! Démosle gracias a Dios porque le concedió la palma del martirio, que él quiso sufrir por el triunfo de la Iglesia[15].

---

[15] Cf. Lauro López Beltrán, *La persecución religiosa en México*, Tradición,

Terminó sus días como madrina de seminaristas

Años después de la muerte del Padre Toribio y pasada la persecución religiosa, María "Quica" vivía en Guadalajara y prestaba diversas atenciones a su otro hermano sacerdote, Román, en el templo de Santa Teresita. Con la pena por el recuerdo del martirio del Padre Toribio, un día Quica le dice a su hermano Román:

- Mi vida ya no tiene sentido, porque yo me quedé sin casar para atender al Padre Toribio, pero ahora después de su muerte ya no sé qué hacer[16].

Mientras hablaban de esto en el interior de la casa, llamaron a la puerta y el Padre Román fue a abrir; delante se encontraba un jovencito que iba a pedir ayuda para entrar al seminario. Era como la respuesta de la Providencia a las dudas de María Quica.

El Padre Román se vuelve a donde está su hermana y le dice:

- ¿Ves? El sacerdocio que ayudaste con el Padre Toribio no se terminó, porque es el sacerdocio de Cristo que te sigue necesitando. Mira cómo te siguen ocupando personas para que ayudes a los seminaristas[17].

México 1991, p. 433

[16] Cf. Santo Toribio Romo, en *Tierra de mártires*, edición de la Diócesis de San Juan de los Lagos, 2002, p. 89

[17] Idem p. 89

Estas palabras calaron tanto en el alma de Quica, que las tomó muy en serio y de ellas hizo el programa para el resto de su vida, pues terminó sus días haciendo lo que siempre había hecho: servir con mucho amor para ayudar a quienes necesitaban los cuidados de su corazón maternal.

Quica dedicó sus últimos años en cocinar para dar de comer a los jóvenes con inquietudes vocacionales y seminaristas que acudían al barrio de Santa Teresita, en Guadalajara, y también juntando limosnas a la puerta del mismo templo para ayudar a los seminaristas pobres.

María “Quica” Romo, hermana de dos sacerdotes, de los cuales uno es un mártir canonizado sumamente popular, murió en santa paz el 27 de octubre de 1959, a la edad de sesenta y cinco años. No la olvidan todos aquellos sacerdotes que la conocieron en sus últimos años y en especial quienes recibieron también su ayuda generosa y desinteresada para sostenerse en el seminario.

¿Cuál fue la vocación de María “Quica”? Podría decirse que la vocación de esta ejemplar gran mujer, Quica, fue de ser hermana de dos sacerdotes y madrina de muchos seminaristas a los que ayudó en su camino al sacerdocio.

Los restos mortales de María “Quica” se encuentran en la capilla de Santa Ana de Guadalupe, construida en el lugar de la Mesita “para mirar más de cerca el cielo”, y descansan junto a los de su hermano santo Toribio Romo, al que ella animó y tanto ayudó para llegar al sacerdocio. Junto a ese gran hombre descansa su hermana, una gran mujer.

Los restos mortales de María "Quica" se encuentran en la capilla de Santa Ana de Guadalupe y descansan junto a los de su hermano santo Toribio Romo

5
SANTA MARÍA DE JESÚS SACRAMENTADO

La primera santa mexicana

Hay países de gran tradición católica que cuentan con numerosas santas entre sus hijas más ilustres. Algunas son conocidas en todo el mundo, como santa Francisca Javier Cabrini, la "madre de los emigrantes" italianos en América, de principios del siglo veinte, o santa Margarita María Alacoque, la humilde religiosa que recibió las revelaciones del Sagrado Corazón de Jesús en Paray-Le-Monial. Y como santa Teresa de Jesús, la gran reformadora del Carmelo. Estas tres santas universalmente conocidas provienen respectivamente de Italia, Francia y España.

Pero son muchas más las mujeres bienhechoras de estos y otros países que ya se encuentran elevadas a la dignidad de los altares y reciben la veneración de toda la Iglesia. Pensemos por ejemplo en la Madre Teresa de Calcuta, en santa Faustina Kowalska, la religiosa polaca que recibió las revelaciones de la Divina Misericordia, y la italiana santa Giana Beretta Mola, quien ofreció su vida a cambio de salvar la de su hijita. Por mencionar algunos de los casos de santidad más recientes.

México es el segundo país del mundo por el número de católicos y también se enorgullece desde el año 2000 por contar con su primera santa canonizada: la venerable Madre María de Jesús Sacramentado, religiosa y fundadora, a quien los fieles pueden rendirle culto público –su fiesta litúrgica es el 30 de julio– así como encomendarle sus intenciones y necesidades espirituales. La Madre Naty –llamada así cariñosamente– la primera santa mexicana, es muy conocida sobre todo en Jalisco de donde era oriunda. Ella es la primera santa entre otras más que vendrán para honra de México y gloria de la Iglesia.

Fueron franciscanos los primeros *Doce Apóstoles* misioneros que llegaron a las playas de Veracruz en el siglo dieciséis para comenzar la evangelización de México, y desde entonces el espíritu franciscano, que hermana admirablemente la pobreza y humildad evangélicas, quedó profundamente arraigado en el catolicismo de nuestras gentes. Santa María de Jesús Sacramentado también nutrió su alma con las enseñanzas del Santo de Asís, y por lo mismo es un motivo más de agradecimiento a Dios que la primera mexicana elevada a la gloria de los altares se haya formado durante su juventud como terciaria de la Orden Franciscana.

Origen humilde de una gran mujer

¿Quién era la Madre Naty, la primera santa mexicana? Fue una gran mujer de orígenes muy humildes, pues Dios se complace en llamar a los sencillos para confundir a los fuertes y poderosos del mundo. María Natividad Venegas de la Torre nació el 8 de septiembre de 1868, en el caserío llamado La Tapona, cerca de Zapotlanejo, estado de Jalisco. Todavía queda una vieja barda de grueso adobe prieto, casi a punto del derrumbe, que conserva atrapados los sonidos del llanto y las risas cristalinas de una niña que estaba destinada a ser alguien grande.

Sus padres fueron Doroteo Venegas y María de las Nieves de la Torre. La pequeña Natividad fue la décimo segunda hija de una familia creyente que no tenía miedo a llenarse de hijos, como apretado haz de espigas. Las familias mexicanas siempre han visto los hijos como un don de Dios, el mayor don que se puede recibir.

A los cinco días de su llegada al mundo recibió el sacramento del bautismo en la parroquia de Zapotlanejo, por manos del señor cura José María de Anda. Un roponcito sencillo y limpio fue su vestido de fiesta, pues sus padres eran pobres pero ricos en virtudes. Era costumbre arraigada entonces, tradición cristiana de generaciones, llevar a los hijos tempranamente a recibir las aguas del bautismo. Esa agua se unió a la lluvia septembrina que mojó la tierra roja alteña para hacer madurar las espigas y las mazorcas, que luego se convirtieron en cosecha siempre insuficiente para la manutención de las familias numerosas.

Las condiciones de pobreza en un pueblo mexicano, de principios del siglo XX

Apenas ha cumplido dos años, cuando en 1870 su familia se ve en la necesidad de abandonar La Tapona y trasladarse al vecino estado de Nayarit, donde viven en distintas poblaciones, en busca de mejores condiciones de vida. Durante estos primeros años la pequeña aprende a leer y escribir, además de prestar su colaboración en algunas faenas domésticas. Una casa campesina es un lugar donde el trabajo nunca falta y donde todos comparten lo poco que tienen, pero principalmente en ese ambiente familiar María Natividad respira las virtudes cristianas, en donde la fe se vuelve para ella el elemento natural en sus relaciones con Dios y sus semejantes.

El día de la Primera Comunión

Cuando cumple los nueve años María Natividad hace su primera comunión. Es una chiquita despierta y muy sensible, por lo que la gracia de recibir a Jesús sacramentado en su alma, por vez primera, le queda grabada como una experiencia imborrable. Es el recuerdo de la primera comunión algo maravilloso e indeleble que las almas santas conservan como un tesoro. María Natividad así lo vivió y por eso muchos años después añadió a su nombre el de Jesús Sacramentado, adoptado como su nombre de religiosa profesa.

No se conservan escritos de la santa que hagan referencia a sus sentimientos del día de su primera comunión, pero imaginamos la gran alegría que significó para su alma comenzar a establecer una relación espiritual con Jesucristo, quien la llamaría años más tarde a la consagración total. Podemos hacernos una idea de sus sentimientos si comparamos el testimonio de otra religiosa conocida universalmente y que murió en olor de santidad.

Testimonio de sor Lucía de Fátima. Tomado del libro de sus "Memorias".

Sor Lucía, una de las tres videntes de Fátima, murió en febrero de 2005, en Portugal, con más de 90 años de edad. Por obediencia dejó escritas sus memorias donde se pueden leer páginas encantadoras. El recuerdo del día de su primera comunión llenó su alma de una gran felicidad. Ella tenía sólo 6 años. Lo narra de este modo en sus memorias:

> "Comenzó la Misa cantada y cuanto más se acercaba el momento, más fuerte me latía el corazón, en la espera del Dios tan grande que bajaría del cielo para unirse a mi pobre alma. El párroco descendió a distribuir el Pan de los ángeles. Tuve la fortuna de ser la primera. Apenas la Hostia Divina se posó en mi lengua, sentí una serenidad y una paz inalterables; sentí que me invadía una atmósfera tan sobrenatural y que la presencia de nuestro buen Señor era tan sensible como si lo viese y lo sintiese con los sentidos de mi cuerpo. Le dirigí entonces mis súplicas: - ¡Señor, hazme santa, conserva mi corazón siempre puro, solamente para Ti! En ese momento, me pareció que nuestro buen Señor me decía, en lo profundo de mi corazón, estas palabras: - La gracia que hoy recibes continuará viva en tu alma, produciendo frutos de vida eterna. ¡Yo me sentía totalmente trasformada por Dios! Cuando terminó la función religiosa era casi la una de la tarde... mi madre vino entonces a llevarme a casa, preocupada, creyendo que yo estuviese cayendo por la debilidad del ayuno. Pero yo me sentía tan llena del Pan de los ángeles, que me resultó imposible por el momento comer cualquier cosa... me sentía bien solamente en algún lugar solitario donde podía recordar las delicias del día de mi Primera Comunión".[18]

[18] Cf. Sor Lucía de Fátima, tomado del libro de sus *Memorias*, Segunda Memoria, I. Antes de las Apariciones, Infancia

En 1884 la familia Venegas de la Torre puede regresar a su natal Jalisco y se establece en la comunidad "Los Zorrillos", perteneciente al municipio de Zapotlenejo. A su retorno María Natividad contaba ya con 16 años, era una muchacha madura, responsable, avezada al trabajo, pero también cargaba sobre su joven alma el dolor de haber perdido a su madre. No mucho tiempo más tarde la huella del sufrimiento se hizo más profunda al morir también su padre, mientras ella se dedicaba a la costura y a enseñar a los niños de la comunidad a leer y escribir.

Quedó entonces bajo la tutela de una tía paterna. Las duras pruebas que le tocó vivir durante su adolescencia habían hecho madurar su espíritu generoso que ya pensaba en una vida de total donación al Señor y estaba bien dispuesta para volar hacia metas más altas y empeñosas.

Bajo el espíritu franciscano

Sus profundas inquietudes religiosas la conducen, a sus 18 años de edad, a pedir el ingreso en la *archicofradía del cordón*, como terciaria franciscana, pues desde temprana edad se sintió atraída por el espíritu evangélico del pobre de Asís. Permaneció como terciaria hasta 1930, fecha en que dejó de ser miembro seglar al pasar a formar parte de una congregación religiosa y emitir los votos de pobreza, castidad y obediencia. Así, el 8 de diciembre de 1898 ingresa en la Asociación de las Hijas de María. Sus sueños de convertirse en esposa de Cristo se van haciendo realidad.

En otra Fiesta de la Inmaculada Concepción, esta vez del año 1905, hace su ingreso en la comunidad de las Hijas del Sagrado Corazón de Jesús -que con ella completaban seis- para dedicarse al cuido de los enfermos en el hospital del Sagrado Corazón de

Guadalajara, fundado por el sacerdote Atenógenes Silva y Álvarez. Allí desplegó por largos años su labor paciente, caritativa y llena de humildad en la atención a los pobres y enfermos, viviendo en santa paz y edificando a cuantos vivían en su entorno.

Esa caridad que desbordaba en sus palabras y en su trato con todo tipo de personas la bebía de la fuente misma de Jesús Eucaristía, a quien amó por encima de todas las cosas, en quien siempre confió absolutamente y cuya devoción procuró inculcar en todas las personas de su alrededor.

La maravillosa experiencia espiritual de las monjas: su vida dedicada a Jesús

Las mujeres consagradas viven una particular relación espiritual con Jesucristo, su Esposo divino, a quien encuentran y adoran presente en la Eucaristía durante largos ratos durante el día y también de noche. Ante su Presencia escondida en el Sagrario, entablan coloquios espirituales llenos de delicadeza femenina y de sinceridad como corresponde a las almas enamoradas. Saben que parte esencial de su misión consiste en reparar el Corazón de Jesús, ultrajado por nuestros pecados; de llevarle consuelo y compañía, de rezar y ofrecer sacrificios personales de manera especial por todos aquellos que no oran y que se encuentran alejados de Dios.

Todos tenemos experiencia de haber entrado alguna vez en una capilla, templo o convento y ver delante del Sagrario unas blancas figuras silenciosas, que de rodillas rinden adoración y reparación a Jesucristo Eucaristía.

Quien desconoce la vida espiritual de las monjitas suele hacer juicios infantiles y las más de las veces irreflexivos sobre "por qué pierden el tiempo" metidas en el convento, o "para qué sirven" hoy las monjitas en la Iglesia, en esta sociedad alocada que corre a la velocidad de internet. La realidad es que estas almas escogidas gastan silenciosamente sus vidas en el servicio callado, desinteresado, cargado de méritos, para alabar a Dios y para bien del prójimo.

Durante sus largas horas de adoración ante la Eucaristía oran por toda la Iglesia, sostienen a los sacerdotes en sus fatigas apostólicas, reparan por los pecados y por las miles de ofensas que los hombres cometen en todas partes, pidiendo a Dios su misericordia a favor de todo el mundo. Sólo Dios conoce todos los méritos y favores que estas almas generosas obtienen con sus ruegos y dedicación para el bien de la humanidad.

Las religiosas cultivan una maravillosa relación espiritual con Jesucristo, de la cual solamente las almas que han hecho esa experiencia saben de qué se trata. Su vida oculta de oración y sacrificios resulta tal vez incomprensible para el mundo, pero es tanto más necesaria precisamente en la misma medida que este mundo secularizado se aleja de Dios y corre hacia un materialismo desenfrenado. Su silencioso testimonio sirve para que no falten las vocaciones sacerdotales y para que otras jóvenes generosas se sientan atraídas por la voz del Señor para entregarle sus vidas y sueños juveniles.

Testimonio de la Madre Olga María del Redentor, Carmelita Descalza:

> Estamos aquí, en este palomarcito, amando y reparando a Jesús en su Corazón, tan solo, herido y despreciado en estos tiempos recios en que nos ha tocado vivir. Este Carmelo ha recibido la vocación específica de consolar su Corazón. El Sagrado Corazón

de Jesús espera de esta comunidad mucho consuelo y reparación. Este monasterio ha de ser una casita en que Él descanse y tenga sus delicias. Nos hemos sentido llamadas a ser para el Corazón de nuestro Jesús "el bálsamo que le cure las heridas que le hacen los pecadores". Tal y como le dijo a Santa Maravillas de Jesús cuando le pidió la fundación del Cerro de los Ángeles...

Estas palabras de la Madre Olga María del Redentor, priora de un Carmelo en Valladolid, España, reflejan bien el espíritu que anima a las almas consagradas en su vocación de adoradoras y reparadoras del Corazón de Jesús. Por tratarse de una vocación tan hermosa e importante la Iglesia siempre ha animado vivamente a las jóvenes que sienten la inquietud a la vida religiosa para que respondan con generosidad al llamado de Dios para que consagren su juventud y energías al servicio del Señor y del prójimo. Para esto y mucho más "sirven" las monjitas en la Iglesia.

Elegida superiora general de las Hijas del Sagrado Corazón de Jesús

La Madre Natividad manifestó un trato especial y deferente a los obispos y sacerdotes, atendiéndoles con verdadero espíritu sobrenatural, respeto y obediencia, pues en ellos veía la prolongación en la tierra de Cristo Sumo y Eterno Sacerdote. Por sus muchas virtudes y cualidades religiosas, en enero de 1921 María Natividad resulta elegida superiora general de las Hijas del Sagrado Corazón de Jesús, y al poco tiempo se dedica a escribir las constituciones que regirían este instituto de vida consagrada.

Por entonces la situación religiosa y social se agrava en México, pues se recrudece la persecución contra los católicos y también se levantan en armas los primeros cristeros. Ella y sus religiosas unen sus oraciones y sacrificios por los defensores de la libertad religiosa en México.

¿Cómo fue su actuación durante la persecución religiosa? La sufrió mientras vivía en el Hospital del Sagrado Corazón, situado en el barrio de Analco de Guadalajara. María Natividad se esforzaba por vivir en su corazón el espíritu franciscano de unión íntima con Dios y de atención y servicio desinteresado al prójimo. Asistía a los enfermos, a los ancianos, enseñaba el catecismo a los niños. Su deseo de perfección crecía a la par que las dificultades y pruebas para los católicos mexicanos.

Durante esos años la Madre María Natividad mantuvo la entereza moral necesaria para cumplir con su deber en medio de aquellas difíciles circunstancias, gracias a que su fe estaba firme en Jesucristo y confiaba en la protección materna de la Virgen Santísima de Guadalupe. Por ejemplo, en más de una ocasión el hospital se vio cercado por las tropas federales, pero María Natividad con mano firme no consintió en que la atención sanitaria fuera suspendida, a pesar de las amenazas de invasión por los soldados, con el vano pretexto de que dentro se celebraban actos litúrgicos y se escondía algún sacerdote.

La labor humanitaria siguió adelante en el hospital y con caridad cristiana las Hijas del Sagrado Corazón continuaron atendiendo a los enfermos, a los soldados heridos y demás necesitados, sin hacer distinciones: todos eran hermanos que requerían de cuidados y atención médica.

"El sufrimiento es corto y, en cambio, el gozo eterno"

Durante esos duros años en los que la fe del pueblo mexicano recibió su bautismo doloroso, con la misma sangre de sus numerosos mártires, la Madre María Natividad se unió con su oración y sus sacrificios para reparar al Sagrado Corazón por los pecados y pedir la paz y la reconciliación de su patria.

Mientras ella rezaba y curaba las heridas de los soldados federales, atendiendo las dolencias de los enfermos en el hospital, aumentaba la lista de los mártires fusilados en las plazas o colgados de los postes de telégrafo a lo largo de las vías del tren, por el único *delito* de confesar su amor y su fe en Cristo Rey en el acto de defender también la libertad religiosa, que es un derecho primario de toda persona.

Las buenas religiosas desde su hospital se unían a los millones de católicos que rezaban para que Dios concediese la fortaleza a los perseguidos, el perdón a los verdugos y perseguidores, la paz para todos. La Madre animaba a sus compañeras:

- Dios Nuestro Señor nos pide sufrir la persecución contra su santa Iglesia con fortaleza de ánimo y confianza en su providencia, pues el sufrimiento es corto y, en cambio, el gozo eterno. Demos gracias a Nuestro Señor porque encontró un nuestra patria tantos fieles y sacerdotes dignos, que ofrendas sus vidas confesando a Cristo Rey y a nuestra Madre Santísima de Guadalupe.

Rezaba por los mártires y en especial por los sacerdotes de su región, ya que de modo particular en Jalisco fueron muy perseguidos y muchos de ellos sufrieron el martirio por el odio a la fe cristiana. Fueron mártires algunos sacerdotes hoy bastante conocidos como los Padres Tranquilino Ubiarco, Jenaro Sánchez, Julio Álvarez, Román Adame, David Uribe, Sabás Reyes, Agustín Caloca, José María Robles, Rodrigo Aguilar, Pedro Esqueda, Jesús

Méndez, Justino Orona, Atilano Cruz, Margarito Flores y Toribio Romo, el Patrono de los Mojados, entre otros sacerdotes que padecieron el martirio en aquellas regiones.

¡Obviamente ella ni lo imaginaba ni sabía, pero rezaba y suplicaba a Dios el don de la fortaleza y la fidelidad por aquellos sacerdotes mártires que muchas décadas después serían elevados a la gloria de los altares, junto con ella, la primera santa mexicana, durante una jornada radiante de sol y de alegría, en Roma el 21 de mayo de 2000! ¡Maravillosos designios de Dios!

Entre los años 1927- 1929, en plena persecución religiosa, existió el peligro real de que el Hospital del Sagrado Corazón de Guadalajara fuera expropiado y pasara a manos del Estado. Aquel hospital era cuna de la congregación, sustento diario y centro de atención sanitaria para docenas de enfermos y desamparados que no tenían la posibilidad de acudir a otro lugar donde recibir la caridad cristiana como allí eran atendidos. Pero ellas confiaban de que no quedarían ningún día desamparadas de la protección providente de Dios, quien también cuida de los pajarillos y viste con galas las más humildes flores del campo.

La caridad por encima de todo

La Madre María Natividad sabía que muchos sacerdotes y fieles católicos eran colgados en árboles y en postes de telégrafo a lo largo de la vía del tren; fusilados públicamente en las plazas; torturados cruelmente. A sus oídos llegaba el trueno de las descargas de los rifles que seguían a los juicios sumarísimos aplicados por los representantes del gobierno y ejecutados por las tropas federales, contra los creyentes –cristeros o no- acusados del único delito de amar a Cristo y preferir ofrendar sus vidas antes que renegarlo.

- ¡Grita, "muera Cristo Rey" y te perdonamos la vida!

A lo que el reo respondía con todas sus fuerzas:

- ¡Viva Cristo Rey y Santa María de Guadalupe!

"No hay prisa. Nomás que amanezca y son nuestros. Y dicho y hecho. En cuanto llegó la luz del día se fueron siguiendo los rastros de sangre. Tres leguas adelante encontraron a Alberto, muy mal herido, y apuntándole sus armas los soldados le gritaron: -¡Viva el supremo gobierno! –¡Viva Cristo Rey!-, contestó Alberto. Y hasta ahí sus días. Más abajo encontraron el cuerpo ya sin vida del Padre Montoya. Había sido herido de muerte. Cuando lo identificaron, uno de los sargentos gritaba y hacía gran alharaca... Amarraron el cuerpo de pies a cabeza y lo echaron como costal de harina, terciado en un burro. *Por ai* se lo llevaron cruzando la barranca de El Escalón, hasta Villa Guerrero. Era Domingo de Ramos. Su entrada, menos triunfal que la del Señor en Jerusalén, tuvo, sin embargo, su semejanza"[19].

La Madre sabía que los caminos, las vías del tren y las plazas de pueblos y ciudades estaban ensangrentadas debido a la cruenta y desigual persecución del Estado contra su pueblo, pero ante el dolor y la humana rebeldía que su espíritu experimentaba delante de aquellas injusticias siempre sobrepuso su caridad. Un ejemplo heroico fue la prueba que se reflejó durante el cerco militar en torno al hospital de Guadalajara, y entonces ella dispuso que se diera de comer a los soldados y no se dejara de atender a los heridos, "porque ellos sólo cumplían las órdenes recibidas". Este es un rasgo que muestra de manera muy clara la auténtica caridad cristiana de su espíritu.

---

[19] Cf. Recuerdos de Maurillo Gándara – Luis de la Torre, en *Pueblos del Viento Norte*, U. de Guadalajara, 2002, p. 230-231.

En tranvía con el Santísimo Sacramento

Durante las horas más difíciles de la prueba no perdió la calma; sabía que Dios no las abandonaría en ningún momento y así su fe salió fortalecida. Como sucedió en el día del cerco militar; entonces le avisaron que varios soldados federales ya estaban dentro del hospital para hacer inspecciones. Se mantuvo serena y su primer pensamiento fue poner a salvo el Santísimo Sacramento. Entonces de inmediato se dirige hacia el Sagrario para retirar el copón con la Eucaristía y esconderlo con el fin de evitar cualquier profanación.

En otra ocasión al darse cuenta que había gente sospechosa rodeando el hospital, retiró el Santísimo sacramento de nuevo y esta vez decidió llevárselo a la casa del capellán, el Padre Dámaso Quintana. Pero como vivía lejos del hospital, la Madre se fue en tranvía y le pidió a una hermana religiosa que le acompañara. Al abordarlo se llevaron un fuerte susto pues el vagón iba llena de soldados.

La Madre Natividad llevaba el copón con la Eucaristía dentro de una caja de zapatos y, aparentando tranquilidad para no despertar las sospechas de los militares, se puso a rezar en silencio, mientras el tranvía avanzaba. En su interior iba con la zozobra de que en cualquier momento las revisaran y las arrestaran, con el peligro de que se produjera alguna profanación contra la Eucaristía.

Mas no sucedió así; los soldados no las molestaron, sino que al contrario les cedieron el asiento a ella y a su compañera, de modo que en su oración silenciosa pudo agradecerle al Señor su protección y que también bendijera a esos hombres que luchaban tal vez contra su voluntad, porque lo más seguro es que también eran bautizados. Fue así como en una tarde soleada Jesús viajó en un tranvía lleno de soldados, por las calles de Guadalajara, sin que estos se percataran de su divina presencia en lo más mínimo.

Al llegar a la casa del capellán le narraron lo sucedido y junto con el Padre Quintana dieron gracias a Dios por el buen suceso, pero a continuación les indicó que deberían consumir todas las hostias consagradas y él mismo se las repartió. Algunos hombres se esforzaron por medio de armas, de leyes inicuas y con todos los medios a su alcance por expulsar a Dios del corazón de su pueblo, mas el mismo Señor y Dueño de la historia no lo consintió, sino que permaneció más cerca de los atribulados y perseguidos fiel a sus promesas de no abandonarnos jamás.

Pasada la tormenta de la persecución y una vez concluida la guerra cristera, el 24 de julio de 1930, el arzobispo de Guadalajara, Mons. Francisco Orozco y Jiménez, aprueba el documento de la constitución de la congregación de las Hijas del Sagrado Corazón de Jesús. En su profesión religiosa María Natividad adopta el nombre de sor María de Jesús Sacramentado, comenzando a ejercer también como superiora general, cargo que llevó por espacio de 33 años hasta 1954.

La primera santa mexicana

Ejemplo de humildad

Sor María del Socorro Mariscal, mejor conocida como la *Madre Socorrito* -quien fuera secretaria de la santa durante treinta años-, recuerda con precisión que a pesar de su cargo de Superiora la Madre Natividad ejercía con verdadero espíritu humilde las tareas de limpiar los utensilios, vendas y el vario instrumental médico para dar ejemplo a sus hermanas.

Además, consolidó su acción humanitaria aplicando sus conocimientos de enfermera en beneficio de los enfermos y accidentados que llegaban al hospital, y mientras se ocupaba en ese trabajo de caridad al prójimo solía decir: "Mira mi Jesús, cómo quisiera no sufrir con ellos sino sufrir por ellos". Lo hacía con todos los enfermos, pero en especial con los que padecían dolores de quemaduras o accidentes laborales.

A los enfermos incurables los tomaba de la mano y los besaba como una madre que quiere transmitir a sus hijos todo su amor y la alegría de seguir viviendo. Es fácil entender por qué los pacientes la llamaban en busca de consuelo, a lo que ella acudía con solicitud para trasmitirles su palabra contagiada de la fe y amor a Dios, de donde se alcanza la motivación para superar las dificultades, ofrecer los dolores y mirar hacia delante. Siempre que podía, después de recorrer los pasillos y cuartos de los enfermos salía del hospital y se encaminaba por las calles de Analco con una canasta llena de pan, tortillas y comida que repartía a los niños, pobres y ancianos.

Al volver acudía a su humilde habitación para orar y agradecerle a Dios su bondad y todas las maravillas que Él obra en las almas sencillas y limpias de corazón. La Madre Natividad sabía descubrir fácilmente la presencia del amor de Dios en todas las cosas y circunstancias, gracias a su espíritu contemplativo. Su prima hermana Guadalupe Venegas habló en varias ocasiones con ella y recuerda que con frecuencia le decía: "Dios está siempre cerca de nosotros aunque no lo veamos. Confía mucho en él".

- Yo la sentía muy cerca de mí –confiesa Guadalupe Venegas–; quería mucho al tío Donaciano, con quien vivió en su juventud. En tiempo de los elotes nos visitaba en nuestro rancho. Venía de Guadalajara a Zapotlanejo. Mi papá iba por ella a la estación y ya en casa se acordaba cuando fue costurera y hacía vestidos. Visitábamos los lugares conocidos, el Salto de Peñas, el puente de Calderón y la milpa donde cortaba los elotes para después comerlos bien cocidos y asados.

El espíritu franciscano habitaba muy fresco en el alma sensible de María Natividad, pues le gustaban especialmente las flores campestres. Decía que las flores eran un regalo divino para alegrarnos, con los colores amarillos, violetas, azules, blancos, tan lindos que lucían. También amaba a los pajaritos, les hablaba y escuchaba sus trinos con delectación. En las criaturas más sencillas veía un regalo de Dios para hacer más amable nuestra existencia.

Por sus frutos se conoce el árbol

Su programa de trabajo por espacio de más de treinta años se refleja en 16 fundaciones que brindan atención y caridad cristiana a los enfermos y desamparados en diversas obras como hospitales, sanatorios y asilos distribuidos por los estados de Jalisco, Nayarit, Sinaloa, Sonora, Durango, Coahuila y Guanajuato.

Su fecunda vida terrena, colmada de santidad y de obras buenas, llega a su término el 30 de julio de 1959, cuando tiene más de 90 años y su corazón está más en el cielo que en la tierra. Muere llena de paz, rodeada del afecto de sus hijas espirituales. Sus restos mortales en un primer momento fueron llevados al cementerio de Mezquitán, pero seis años más tarde los trasladaron a la capilla del hospital del Sagrado Corazón, del barrio de Analco, en Guadalajara. Numerosos fieles acuden a rezar y a pedirle a la Madre su intercesión desde el cielo.

El milagro que acreditó su santidad

El milagro reconocido para su canonización pertenece al Sr. Anastasio Ledesma Mora, quien fue llevado al Hospital del Sagrado Corazón para someterlo a una operación quirúrgica. Después de la anestesia se manifestó una lentitud cardíaca, que aumentó gradualmente hasta finalizar en paro total del corazón y de las arterias. Enseguida se intentaron terapias de reanimación aunque en vano, por lo que el paciente cayó en coma profundo. Entonces los médicos enfermeros que estaban en el quirófano, así como la esposa del paciente y algunas monjas, invocaron con fe la intercesión de la beata María de Jesús Sacramentado.

Después de diez o doce minutos las palpitaciones del corazón se restablecieron y más allá de lo que los médicos esperaban, el enfermo no sufrió ningún daño irreparable en el cerebro. A los pocos días lo sometieron a una *hemicolectomía* con *clostomía* definitiva sin complicación alguna. El veredicto unánime de los médicos y profesionistas que examinaron el caso dictamina como admirable y fuera de explicación científica la reanudación de los latidos del corazón mortalmente interrumpidos por tan largo espacio de tiempo.

Puesto que el milagro es un requisito indispensable durante el proceso de canonización, recordemos que el juicio de la Iglesia es muy serio al considerar el hecho de un milagro por intercesión del beato o siervo de Dios y acreditarlo como válido para ultimar su proceso de canonización.

Al respecto, el Papa Benedicto XVI, con su autoridad de Supremo Pastor, declaró lo siguiente en mayo de 2006: «Además de asegurarnos de que el siervo de Dios vive en el cielo en comunión con Dios, los milagros constituyen la confirmación divina del juicio expresado por la autoridad eclesiástica sobre su vida virtuosa». En este sentido, afirma que «hay que tener presente claramente que la práctica ininterrumpida de la Iglesia establece la necesidad de un milagro *físico*, pues no basta un milagro moral».

En 1992 María de Jesús Sacramentado Venegas de la Torre fue beatificada por Juan Pablo II, y ocho años después el 21 de mayo del 2000 en el transcurso de una soleada mañana primaveral, también en Roma, fue declarada santa –la primer santa mexicana–en una emocionante ceremonia presidida por el mismo Juan Pablo II, el Papa que tanto amó a México.

6

UNIDOS EN LA PASIÓN DE CRISTO

El martirio de unas religiosas adoratrices

Profanación en Ejutla

Ejutla es un típico pueblo campesino que aún conserva su sabor y estilo provinciano, situado entre las altas montañas que lo aprisionan. Por lo que ve a su jurisdicción eclesiástica no hace muchos años pertenecía a la diócesis de Colima –en el tiempo en que se desarrolló esta historia–, mientras que civilmente al estado de Jalisco. Ejutla hoy pertenece a la diócesis de Autlán, Jalisco. Sus cristianos moradores todavía conservan el espíritu religioso heredado de sus mayores y que fue santificado por la sangre de los mártires de Cristo Rey, que en aquellas regiones no fueron pocos.

Entre los moradores de Ejutla y aquellos de las altas rancherías de las faldas del Volcán de Fuego y el Nevado de Colima, puede decirse que casi no hay diferencia en cuanto al estilo de vida, pero sí en cuanto a instrucción. Ejutla fue, en efecto, el centro de cultura de la región: hubo allí un seminario que dio muchos sacerdotes a la diócesis de Colima; un colegio para niñas que era el mejor en más de setenta kilómetros a la redonda, y también un convento de religiosas Adoratrices del Santísimo Sacramento, a quienes tocó su parte en la Pasión de Cristo durante los duros años de la persecución religiosa en México.

Las Adoratrices vivieron su propio calvario dentro del drama de Ejutla

¿Cómo ocurrió esto? Vayamos a los hechos. El país contaba entonces con cerca de 18 millones de habitantes y desde los años de la Revolución mexicana sufría una violenta persecución religiosa desatada por las autoridades civiles del tiempo, allá durante la década de los veinte del siglo pasado. Jalisco fue precisamente uno de los Estados donde resultó más dura, debido al carácter católico de la inmensa mayoría de sus habitantes. Amarga y cruel resultó aquella persecución, tanto en Guadalajara, como en Los Altos y en las zonas montañosas del centro y sur del estado.

Era el 27 de octubre de 1927. La mañana estaba limpia, el cielo pintado de azul y el viento de las montañas soplaba frío como presagio del cercano invierno. Pero la paz era sólo externa ya que la hermosura del día contrastaba con la angustia que reflejaban muchos semblantes en la población. De boca en boca circulaba la noticia de que se aproximaba un fuerte contingente de soldados callistas (los federales bajo el régimen del presidente Calles), y todos temblaban de miedo conocedores de los desmanes que los "sardos" habían cometido en muchas poblaciones de Jalisco y Colima contra los pacíficos.

La noticia se confirmó cierta, cuando a eso de las once de la mañana se vio avanzar por el lado del sureste de Ejutla una nutrida columna de soldados federales a cargo del general Juan B. Izaguirrre. Algunos vecinos dieron la alarma:

- "¡Ahí vienen los federales, córranle! -¡Sí, es verdad, son varios cientos de sardos y vienen rete armados!"

Todos los moradores del pueblo eran católicos y algunos de sus hombres se habían enrolado en las filas cristeras para luchar contra la tiranía, así que el peligro los amenazaba a todos por igual. Al aproximarse la columna federal, la gente salió de sus casas y huyó en gran parte hacia las montañas para buscar refugio entre las arboledas, en los barrancos o en las entrañas de las cuevas. Mientras esto sucedía, entraron las fuerzas de Izaguirre y se dieron a ocupar el poblado. Aprovechando la confusión también lograron aprender a varios de los rezagados que huían. Comenzaba el Viernes de Pasión para los pacíficos moradores de Ejutla.

Una de las últimas misas a que asistieron las religiosas junto con el pueblo

Pasión de las Esposas de Cristo

Una de las primeras casas que la soldadesca invadió, como un torrente impetuoso que se desborda de su cauce, fue el convento de las religiosas Adoratrices, cuya superiora, la Madre María de los Remedios, se encontraba en cama muy enferma. Para aquellas santas mujeres el salvaje atropello resultó algo terrible; en pocos minutos quedó el convento lleno de soldados y de agraristas que se comportaban como endemoniados.

De inmediato ocuparon la capilla del convento profiriendo gritos y blasfemias, subieron a las azoteas disparando sus máuseres al aire; entraron en todas las celdas de las monjas, gritaban por los corredores, metían la caballada en el jardín y la huerta destrozando las flores y plantitas. Siguió el estruendo infernal de los muebles, cuadros y libros que los soldados destrozaban y echaban a la calle por puertas y ventanas; los hachazos con que derribaban las puertas cerradas, los gritos y palabrotas de aquellos vándalos por los corredores del convento; el ruido de las espuelas sobre las tarimas y los pisos de baldosas, los pesados cascos de los caballos que sacaban chispas en el empedrado. Total, así demostraban que eran muy valientes.

No faltó quien disparaba al aire en el patio con el único propósito de asustar aún más a las desdichadas monjas. Sólo faltaba que aquellos sujetos se volvieran contra las pobres religiosas indefensas, quienes rezaban como podían lívidas de angustia.

Por el momento no tocaron a aquellas santas mujeres, pues su plan consistía en destrozarlo todo y hacer cundir el terror por el pueblo semiabandonado. Desquitaban así su rabia y su cobardía contra los indefensos pacíficos, ya que contra los cristeros en el campo de batalla, no podían. Después que la soldadesca destruyó a su antojo todo lo que encontraron en el convento, como a eso de las seis de la tarde Izaguirre ordenó que todas las Adoratrices abandonaran la casa, y a continuación en pequeños grupos comenzaron a salir.

- ¡Por orden de mi general Izaguirre, todas las monjas deben irse a la calle. Se acabó la farsa, viejas beatas, así que todas pa' fuera antes de media hora!

¿A dónde irían? ¡Sólo Dios lo sabía! Sin techo, sin alimentos, sin dinero ni transporte, llevando únicamente la pobre ropa que traían puesta. Muchas usaron su delantal a guisa de chal para cubrirse del viento frío. Pálidas, cansadas y con el dolor dibujado en su semblante; cabizbajas unas, otras con los ojos levantados al cielo, todas calladas y resignadas salían en grupos de tres o cinco religiosas a donde la Providencia las llevase.

El Señor Jesús que las había librado de los peores instintos de la soldadesca, no las abandonaría tampoco ahora que las echaban de su hogar. Sólo quedaron en la casa, la superiora enferma y algunas hermanas religiosas para hacerle compañía, pero desprovistas por completo de alimentos para sí y para la venerable paciente en cama.

Se consuma un sacrilegio

Antes de abandonar el convento dos religiosas fueron a la capilla y sacaron el copón con el divino Sacramento, para salvarlo de profanaciones y llevarlo consigo fuera de Ejutla. Sin ser molestadas llegaron hasta las últimas casas, cuando ya oscurecía; todo parecía ir bien..., pero no, un obstáculo imprevisto: los soldados del retén se encontraban allí. Nerviosas e indefensas trataron de pasar las dos religiosas, pero las detuvieron para registrarlas y cuando descubrieron los vasos sagrados que llevaban escondidos, se arrojaron sobre ellas como chacales para arrebatárselos.

La pobre religiosa que traía el copón, depositó en su chal las hostias consagradas y a continuación lo entregó vacío a los soldados. La compañera se arrodilló y dijo temblando:

- ¡Es el mismo Dios que los ha de juzgar! ¡Viva Cristo Rey!

Aquellos sujetos al oír a la religiosa que con su ferviente ¡Viva Cristo Rey! hacía profesión de su fidelidad a Jesucristo, se pusieron furiosos, cobraron un repentino "valor" militar, y la golpearon en la boca con las culatas de sus máuseres. Era la hora de la Pasión de aquellas buenas religiosas, en manos de sujetos tan cobardes y viles. Entre tanto, otros pusieron una soga al cuello de la primera monja, quien envuelta en su chal y contra su pecho defendía desesperada las sagradas hostias, mientras con un puñal un bruto la amenazaba queriendo que las soltara al suelo.

- Pueden matarnos si gustan; pueden matarnos ustedes, ¡mas no permitiremos que profanen a Nuestro Señor! Nosotras no tememos a la muerte.

No obstante los apurados esfuerzos de ambas monjitas para consumir las hostias consagradas, muchas cayeron al suelo en los forcejeos de esa lucha tan desigual. ¡El horrible sacrilegio estaba consumado! Por fin un soldado de sentimientos algo más humanos se percató de lo que estaba sucediendo, e intervino enérgicamente para que dejasen libres a las religiosas; y así éstas pudieron escapar mientras los enemigos quedaban vociferando por disputarse entre sí los vasos sagrados.

Tres días más tarde, pisoteadas varias por las herraduras de los caballos y por las botas de los soldados, fueron recogidas por los fieles, de entre la tierra y la basura del camino, algunas de las Hostias santas, hechas ya pedazos... Otras se las había llevado el viento. Corre también una versión popular según la cual las hormigas trasportaron algunas Hostias a un apartado del camino, donde fueron después recogidas por los fieles con suma veneración.

Durante la persecución era frecuente que los sacerdotes encomendaran relicarios con Hostias consagradas a algunas personas decentes y de total confianza, con un doble fin: para proteger al Santísimo de las posibles profanaciones y para que esas mismas personas constituidas en ministros extraordinarios de la Eucaristía dieran la comunión a los fieles y a los enfermos. Algunas de estas personas guardan un recuerdo imborrable. Escuchemos ahora uno de estos testimonios.

Testimonio de Lucita Rivas:

> Al llegar con el Padre Arroyo, él se portó amable, pero algo nervioso. Luego de preguntarme por mis hijos me dijo... "Nosotros nos vamos. Usted va a ser depositaria de las formas consagradas". No sé describir la emoción que me causó oír claramente aquello pero al mismo tiempo me sentí conmovida y más aún cuando me dio a guardar una tacita, de las de té, colmada de hostias consagradas que yo apreté contra mi pecho para llevármelas corriendo a mi casa donde las vigilé día y noche, hasta que nuevamente volví a encontrarme con el Padre. El peligro había pasado y él dio con ellas la comunión a toda la gente de las rancherías... Creo que si viviera mil años no olvidaría jamás aquel primero de abril de 1928, Domingo de Ramos en Potrero de Gallegos[20].

La pobre superiora enferma

En el convento de las Adoratrices, Sor María de los Remedios, la Madre superiora enferma, continuaba postrada en su lecho rodeada de unas pocas religiosas que no quisieron abandonarla, y

[20] Cf. Lucita Rivas- Luis de la Torre, en *Pueblos del Viento Norte*, U. de Guadalajara 2002, p. 173

que de rodillas, en torno a ella rezaban con el corazón oprimido por la angustia. Ya era de noche, aquel 27 de octubre, una noche triste como la de la Pasión de Jesús en el huerto de los olivos. Algunos soldados callistas, a cada instante penetraban en la habitación de la Madre, con el único fin de mortificar a las pobres monjas indefensas, insultándolas y amenazándolas con toda la cobardía de que eran capaces.

- "¡Viejas farsantes, se esconden aquí, pero ya verán lo que les va a pasar. Nomás espérense tantito!"

La enferma estaba angustiadísima, no ya por el temor de la muerte, sino por ver a sus pobres hijas asustadas y acosadas como ovejas indefensas en medio de aquellos lobos rabiosos. Hubo un momento en que quedaron solas en la habitación, y entonces, poniendo su confianza en la protección amorosa de Dios, cerraron la puerta y la atrancaron por dentro cuanto les fue posible; con sillas y alguna sólida mesa que recargaron contra la pesada puerta de madera de encino. De algo servirían al fin aquellos gruesos muros bien construidos de las antiguas casas pueblerinas.

Lo que siguió es para imaginárselo. Allá afuera se desató el infierno: los perseguidores se pusieron furiosos ante el hecho y entre gritos, insultos de los más bajos y amenazas, pretendían echar abajo la recia puerta; pero ésta resistió milagrosamente, porque las religiosas por dentro –más que con tranca material-- la estaban sosteniendo con sus oraciones fervientes, que de rodillas y temblando no dejaban de elevar a Dios todopoderoso. Algún descanso pudieron tener así esa noche.

A la mañana siguiente resolvieron las religiosas sacar del convento a la Madre enferma, pues aquella situación resultaba insostenible y ella, con tanta angustia, se agravaba más. La colocaron en un viejo colchón, y cuando de esta manera la llevaban, los soldados del brutal Izaguirre se dieron cuenta de ello; entonces la emprendieron a golpes de máuseres contra las indefensas mujeres, hasta hacerlas soltar su carga. Cayó pesadamente al suelo la atribulada superiora, y echaron fuera a las pobres hermanas a pesar de su resistencia en abandonar así a su Madre.

Muchas horas quedó la santa mujer en el suelo del corredor del convento, tirada como un fardo inútil. Los soldados que pasaban a su lado la escarnecían y le hacían burla, pero ninguno reparaba en su estado lastimero que era de dar piedad. La Madre callaba y ofrecía sus sufrimientos por la conversión de aquellos desgraciados. Era la hora de su pasión.

Por fin, al día siguiente 30 de octubre las hermanas lograron entrar y sacarla en el colchón para llevarla a un jacal sucio e infestado de pulgas, cucarachas y otras alimañas, que daba espanto. ¡No tenían otro lugar donde llevar a su pobre superiora que se moría! Dos días, el 30 y 31 de octubre estuvieron allí, tomando todas como alimento lo único que pudieron conseguir, una pobre agua de canela. Les faltaba todo pero las fortalecía su fe en Dios, que recompensa a los justos y a los perseguidos. "Bienaventurados los perseguidos por razón de la justicia, porque de ellos es el reino de los cielos" (*San Mateo 5, 10*).

Desde el traslado al jacal la enferma había entrado en estado comatoso, y así en lenta y dolorosa agonía duró hasta la mañana del primero de noviembre –fiesta de Todos los Santos-, en que su alma santa purificada por aquel lento martirio voló al cielo para recibir de Jesucristo la doble corona de mártir y de esposa fiel.

Entre las religiosas Adoratrices expulsadas de su convento de Ejutla, merece especial mención el caso de **sor María Rosa**, como era conocida. Tenía unos cuarenta años cuando ocurrieron las profanaciones perpetradas por los soldados contra su comunidad, y ella provenía de una de las familias más piadosas de Ejutla.

A los 22 años ingresó en el convento de las Adoratrices del Santísimo Sacramento, llevando muy madura su decisión de ser una religiosa fiel. Desde el noviciado se empezó a distinguir por su vida santa, al grado que sus compañeras la consideraban como la encarnación de la regla religiosa. Ejerció como maestra de novicias y en 1922 fue electa Madre vicaria.

Sor María Rosa fue una de las Adoratrices expulsadas de Ejutla por el perseguidor Juan B. Izaguirre y, junto con otras compañeras, vestidas con trajes seglares y pasando por mil angustias, lograron refugiarse en la vecina población de Autlán. Se instalaron en una casa y allí reemprendieron su vida religiosa, en medio de las limitaciones y los sustos de la persecución, hasta que el primero de marzo de 1929 la casa fue nuevamente asaltada a la una de la madrugada y todas las religiosas fueron hechas prisioneras. Los soldados callistas las condujeron entonces a Sayula, y de ahí prosiguieron en ferrocarril a Guadalajara, donde pasaron una noche.

De allí las trasladaron a la ciudad de México, a donde llegaron el 12 de marzo. Es de imaginar el calvario que padecieron durante esos doce días de penosa travesía, de malos tratos, de escasa comida y de sustos continuos para las monjas. Sor Rosa no había casi dormido por preocuparse en velar junto a las más jóvenes y consolar a las más afligidas. ¿Las matarían, las obligarían a no reunirse más como comunidad de Adoratrices?

- Ahora es cuando –les decía-, ahora es cuando debemos atesorar para el cielo. ¡Ofrezcámoslo todo a Nuestro Señor!

Al llegar a la capital, las Adoratrices fueron internadas como prisioneras en una casa particular propiedad de la Srta. Alcorta, dama católica de muy buena posición social, y que aun constituyéndose ella misma prisionera, había logrado que su propia casa fuera destinada a prisión de las religiosas. Feliz y oportunísima idea de esta buena dama, porque no eran pocas las monjas que caían en poder de los perseguidores del gobierno, y así al menos se libraban de los malos tratos en un encarcelamiento con reas comunes, que también podía significar una serie de peligros para su virtud y su estado de religiosas consagradas.

Ofreció su vida por la salvación de la patria

A pesar de estar incomunicadas y verse custodiadas constantemente por escoltas de soldados, contando con muy escasos alimentos que comer, al menos gozaban de una relativa tranquilidad para continuar su sencilla vida de rezos, sacrificios y trabajos manuales con los escasos medios de que disponían.

Sor María Rosa cayó enferma el 14 de marzo, víctima de tantas penalidades, de la escasa alimentación y también de su propia generosidad que no reparaba en sí misma para atenderse su salud. En su enfermedad brilló más su grandeza de alma y su santidad. Si alguna de sus hermanas le hablaba de las esperanzas que tenía en recobrar la salud, ella contestaba sonriente y tranquila:

- ¡No, ya me voy al cielo... ya me voy! ¡Bendito sea Dios! Y levantaba el índice de su mano señalando el cielo.

En medio de tantas penalidades y dificultades y enemigos, quiso la divina providencia que no faltase a aquellas monjitas apresadas el Pan santo de la Eucaristía. Refiere a propósito de esto el Padre Cardoso: "un Padre jesuita, de entre los que andábamos semiocultos en México, si mal no recuerdo el P. Pro, después también mártir de Cristo, burlando habilísimamente la vigilancia de los perseguidores, logró llevarles varias veces la Sagrada comunión".[21]

Cuando sor María Rosa comprendió que ya Dios le daba la gracia de dejar este mundo, donde había vivido como una santa, se alegró en extremo y la escucharon exclamar:

- Dios mío, te ofrezco mi vida por la paz de mi patria, por mi comunidad de Adoratrices y por mi familia. "En tus manos, Señor, encomiendo mi espíritu".

Y el 3 de abril de 1929, miércoles de Pascua, todavía en plena persecución religiosa en México, voló al cielo su preciosa alma. Sus hermanas Adoratrices, a las que se unieron las religiosas de la Cruz, asistieron a su muerte y se acercaban con gran devoción al pobre camastro donde yacía para besar el cadáver, y decían: "ha muerto una santa, ¡quién fuera ella!"

Aunque no llegase a inscribirse su nombre entre los mártires canonizados, el nombre de sor María Rosa, fiel religiosa Adoratriz, está escrito en los cielos como alguien que ofreció su vida por la paz de México y la salvación de muchas almas.

---

[21] Cf. Cardoso Joaquín, *Los mártires mexicanos*, ed. Buena Prensa, México 1953, p. 107

7

SAN RODRIGO AGUILAR

EL PÁRROCO MÁRTIR

El Padre Rodrigo Aguilar Alemán[22], nativo de Sayula, en Jalisco, había sido ordenado sacerdote en enero de 1903. Al inicio de su sacerdocio sirvió en varios ministerios pastorales en parroquias de los Altos de Jalisco y en otros lugares de aquel Estado, donde pudo desplegar su celo sacerdotal y su atención a las almas que le eran confiadas. Tuvo la gracia especial de visitar Tierra Santa poco antes de su martirio, antes de ser nombrado párroco de Unión de Tula en 1925.

Encontrándose en Ejutla, y a los pocos días de haber recibido en su casa parroquial a un grupo de cristeros victoriosos del general Jesús Degollado Guízar, a quienes atendió caritativamente, llegaron los soldados federales del furibundo general Izaguirre –como se ha narrado antes--, quien de inmediato mandó apresarlo. Los callistas habían sido derrotados por los cristeros y andaban furiosos con ganas de desquitarse con los pobres católicos pacíficos. A propósito de estos hechos, cuenta el general Jesús Degollado en sus vivaces *Memorias*:

---

[22] Cf. *Positio Magallanes*.., 3 vols., *Informatio*, Roma 1993, que contiene la investigación referente a los mártires mexicanos canonizados en mayo de 2000. Otra fuente es la primera compilación de sus biografías, en ¡Viva Cristo Rey!, Conferencia Episcopal Mexicana. Edición a cargo del P. Guillermo Ma. Havers, México 1991.

> Las tres importantes victorias obtenidas por nuestras tropas en sólo veinte días tenían alarmado al gobierno, que movilizó sobre nosotros una fuerte columna que traía por jefe al callista Juan B. Izaguirre, hombre sanguinario y cobarde. De Ameca avanzó Izaguirre para Unión de Tula y de ahí a Ejutla, a donde entró sin resistencia. Siendo un representante del llamado gobierno, allanó moradas, ultrajaron sus tropas a multitud de mujeres e hizo prisionero al señor Cura Aguilar...[23]

Sin más averiguaciones –que el hecho de ser sacerdote– el Padre Rodrigo fue ahorcado en un árbol de mango de la plaza de Ejutla, el 28 de octubre de 1927 a los 52 años de edad y 24 de ejercer el sacerdocio. ¿Cómo ocurrieron los hechos? No ignoraba el peligro, pues en numerosas ocasiones había dicho a sus feligreses:

- Los soldados nos podrán quitar la vida, pero la fe nunca.

Era un sacerdote culto y buen escritor, que se había dedicado con toda su alma al ministerio sacerdotal por lo que optó también él por permanecer junto a su gente en el periodo de más recia persecución. Leemos este otro testimonio, que de él ofrece un jefe cristero:

> "Sacerdote culto, virtuoso y delicado versificador, hospitalario y gentil, nos llevó a su casa y en un instante nos sirvieron espumoso y exquisito chocolate que nos vino de perlas a esa hora y después de tanta fatiga. Se ordenaron los servicios de vigilancia y dormimos el resto de la madrugada".[24]

---

[23] Cf. Degollado Jesús, *Memoria*", ed. Jus, México 1957, p. 92

[24] Esta fresca y sincera nota la aporta el doctor José Gutiérrez Gutiérrez, otro de los protagonistas de la Cristiada, y que formó parte del estado mayor del general Jesús Degollado, en la división del sur de Jalisco. Cf. su libro *Mis recuerdos de la Gesta Cristera*, Guadalajara 1975, p. 114.

El Padre Rodrigo confiaba mucho en la protección materna de la Santísima Virgen de Guadalupe, de la que era gran devoto: "Todo lo debo a la Santísima virgen de Guadalupe, a quien un día feliz tuve la dicha de consagrarle mi sacerdocio. Bajo la luz de su mirada pasé mis estudios, mi clericado, mi cantamisa y fui a rendirle mi corazón al Tepeyac"[25].

Ahorcado en un árbol de mango

El 27 de octubre de 1927 Ejutla, el pueblo donde era párroco y donde moriría mártir fue invadido por unos 600 soldados gubernamentales, al mando del general Juan B. Izaguirre y del agrarista Donato Aréchiga, que venían con ánimos de vengarse con los pacíficos y de inmediato se dieron al saqueo y al pillaje. Según hemos referido antes, la gente del pueblo salió huyendo como pudo a refugiarse en las montañas. No fue casual la elección de los federales para entrar a saco y fuego en Ejutla, pues ésta era una plaza eclesiástica importante porque funcionaba allí uno de los seminarios clandestinos del sur de Jalisco.

Sacerdotes y seminaristas se vieron sorprendidos por la avalancha de los soldados mientras los segundos se encontraban presentando unos exámenes. Durante la confusión los más jóvenes lograron escapar brincando por las ventanas y saltando la tapia posterior de un viejo convento donde se encontraban. El P. Rodrigo Aguilar, a pesar de ser ayudado por el seminarista José Garibay, como estaba enfermo no podía correr ni brincar; entonces los soldados lo acorralaron en seguida.

---

[25] Cf. *Positio Magallanes...*

Fue detenido junto con otro seminarista que había optado por quedarse con él para darle una mano. Les dijo que era sacerdote. Lo insultaron y llevaron preso junto con el seminarista y algunas religiosas. Una vez dentro de la cárcel, el Padre les invitó a ponerse en las manos de Dios, y que pasase lo que pasare no debían temer.

"Pueden quitarnos la vida, pero la fe en Cristo nunca" –afirmaba el párroco. "Le dije –comenta el general Degollado en sus citadas *Memorias*– que él debería salir de aquel lugar porque su vida peligraba, lo mismo que la de todo sacerdote que se quedara. Él no quiso separarse de su rebaño, y al otro día fue hecho prisionero y ahorcado en la plaza del lugar."

Antes de llegar al fatal desenlace, algunos soldados federales intervinieron para que se le dejara libre, pero entonces el agrarista Aréchiga se interpuso para que fuese ajusticiado de inmediato. Siendo un hombre cruel y de mala conciencia, Aréchiga también era conocido por su rencor contra los sacerdotes, y aquí no se le iba a pasar esta oportunidad de matar alguno.

Los soldados lo llevaron a la plaza del pueblo para ahorcarlo de la rama de un robusto mango que había en el centro. El heroico sacerdote caminaba tranquilo y se mostraba sereno, ya que casi toda la tarde y las horas de la noche que había transcurrido en la prisión las había pasado en oración. De manera que bien dispuesto estaba para el momento culminante de dar testimonio público de su fe en Cristo Rey.

San Rodrigo Aguilar Alemán

Era de madrugada y un persistente soplo de viento frío contribuía a que el silencio fuera más completo. Sólo las voces de los soldados callistas interrumpían la aparente complicidad de la noche.

Al pie de aquel grueso y alto árbol de mango, en la quietud del pueblo dormido, hicieron alto con el reo. Las sombras nocturnas envolvían la lúgubre escena, mientras el viento helado susurraba entre las hojas de los árboles. El sacerdote no revelaba temor, pues mostraba una serenidad propia de la especial fortaleza que Dios concede a los mártires. Antes de su ejecución bendijo la cuerda, la besó, perdonó a sus enemigos y además regaló un rosario a uno de los soldados ejecutores.

"¿Quién vive?: ¡Cristo Rey!

Cuando le pusieron la soga al cuello, uno de los verdugos queriendo poner a prueba, aún más, la fortaleza del párroco mártir le dijo altaneramente:

- "¿Quién vive? Y luego le propusieron la típica invitación a la apostasía, que si gritaba: "Viva el Supremo Gobierno", no le ahorcaban.

El Padre Rodrigo contestó con firmeza:

- *¡Viva Cristo Rey y Santa María de Guadalupe!*

Tiraron con fuerza de la soga y su cuerpo quedó colgando en el aire. A los pocos segundos lo bajaron de nuevo y se repitió el mismo interrogatorio; entonces el heroico sacerdote repitió con toda la fuerza que le quedaba y sin titubear:

- *¡Viva Cristo Rey y Santa María de Guadalupe!*

Por tercera vez se repitió la macabra escena y por tercera vez el sacerdote arrastrando la lengua y ya agonizante repitió con las fuerzas que aún quedaban en su alma:

- *¡Viva Cristo Rey y Santa María de Guadalupe!*

Lo levantaron entonces con más rabia, y en ese momento expiró.

Eran cerca de las dos de la madrugada de aquel día de Pasión para el pueblo cristiano de Ejutla. Algunos testigos refirieron después que, en los momentos del martirio del Padre Aguilar, vieron una extraña claridad en el cielo que por tres veces se intensificó para luego desaparecer[26]. Su cuerpo quedó colgado en la rama del grueso mango hasta el medio día. Casi toda la gente había huido del pueblo, que había quedado desierto y triste, como después de un incendio devorador.

Los soldados se dedicaron a saquear el pueblo, apropiándose de cuanto objeto de valor encontraban. Quemaron cerca del cadáver del párroco todos los libros litúrgicos, ornamentos, bancas, cruces e imágenes religiosas que sacaron de las iglesias del pueblo.

Por fin, esa tarde del día 28 de octubre tres valientes vecinos, Juan Ponce, Jesús y Silvano García, pidieron autorización a los federales para descolgar el cuerpo. Debido a la premura de las circunstancias lo sepultaron, como estaba, sin caja en el cementerio y sobre la tumba colocaron unas pobres flores que encontraron. Cinco años

---

[26] Referido por "Spectator" en su obra *Los cristeros del volcán de Colima*, tomo I. ed. Jus, México 1961, p. 357

después de su martirio fue exhumado y sepultado en su iglesia parroquial, donde desde entonces la gente siempre lo veneró como a un mártir.

El P. Rodrigo Aguilar Alemán, mártir de Cristo Rey e hijo devoto de Santa María de Guadalupe, fue canonizado por el Papa Juan Pablo II, junto con otros 21 compañeros de martirio, en una solemne ceremonia en la plaza San Pedro de Roma, en mayo de 2000, durante los festejos del Año Santo Jubilar de la Redención.

El P. Rodrigo tenía alma de poeta. Había escrito varias poesías al Crucificado como esta:

Miradle allí: pendiente del madero
Sobre la cumbre del tremendo Gólgota;
Tinto en la roja sangre que destila
Todo su cuerpo por las venas rotas.
Tórtola solitaria que suspiras
Del Gólgota en la cumbre tenebrosa,
En medio del horror y del espanto,
Que la naturaleza tremebunda
Ofrece a tu mirada vigorosa;
Anegada en un mar de sinsabores
Y en un océano inmenso de tristeza.

8

Más sangre sacerdotal

Martirio del padre Gumersindo Sedano

El P. Enrique de Jesús Ochoa –quien escribe bajo el pseudónimo de *Spectator*-- fue capellán de los cristeros de la zona del Volcán de Colima y del Volcán de Fuego, cuyo jefe era su hermano el general Dionisio Eduardo Ochoa. Testigo privilegiado de la persecución religiosa en Colima y sur de Jalisco, *Spectator* también se constituyó en el más preclaro historiador de la Cristiada y la heroica defensa de los católicos de Colima.

Sus impresionantes experiencias como capellán de los valientes cristeros, las dejó escritas en dos magníficos volúmenes que llevan el título "Los cristeros del volcán de Colima. 1926- 1929", publicados en México por la editorial *Jus*. La siguiente historia martirial ha sido recopilada en base a los datos de su obra.[27]

El Padre Gumersindo Sedano era capellán de un grupo de cristeros que operaban en la zona de Tuxpan y Tamazula, en Jalisco. El 7 de septiembre de 1927 se encontraba en la población de Ciudad Guzmán, a donde había entrado de incógnito con el fin de proveerse de algunas cosas que le eran necesarias y de atender algunos asuntos.

---

[27] Cf. "Spectator", *Los cristeros del volcán de Colima*, tomo I. Ed. Jus, México 1961, pp. 346-349

Se encontraba oculto en una casa amiga en unión de cinco cristeros del grupo en que era capellán. Días antes, había salido de la misma ciudad el general Dionisio Eduardo Ochoa, jefe de los cristeros del Volcán. Pero su presencia no pasó desapercibida para los soldados callistas, quienes afanosos lo buscaban en patrullas y registraban todos aquellos sitios que creían sospechosos.

El general Eduardo Ochoa pudo eludir la vigilancia y salió de Ciudad Guzmán el día seis por la madrugada; pero el Padre Sedano fue descubierto y, según todos los indicios, lo denunció una mujer, una anciana de corazón mezquino, quien después de haberse percatado de la presencia del sacerdote y de los cinco cristeros, en la casa donde se alojaban, se presentó ante los perseguidores y reclamó una gratificación miserable con tal de denunciarlos.

"Voy a morir por Cristo"

A la puerta de la vivienda donde el Padre Sedano se ocultaba, se presentó de manera imprevista en la mañana del 7 de septiembre un camión lleno de soldados federales fuertemente armados. Bajaron con prontitud e irrumpieron tumultuosamente en la casa, echando abajo la puerta, donde encontraron a los sorprendidos cristeros y a su capellán. De inmediato los hicieron prisioneros, y el Padre comprendió al instante cuál era el fin que les esperaba, de manera que se preocupó en prepararse a bien morir y a ayudar a los compañeros de desgracia. La palma del martirio se veía muy cercana para todo el grupo.

Les obligaron a subir al camión para conducirlos como prisioneros hasta el cuartel militar en donde el capitán Urbina esperaba impaciente los resultados de la acción. Durante el trayecto el Padre Sedano sacó su rosario del bolsillo y se puso a rezarlo en voz alta para infundir sosiego espiritual a sus compañeros. De vez en cuando prorrumpía en exclamaciones y cánticos fervorosos que salían con fuerza de su pecho:

- ¡Viva Cristo Rey! ¡Viva santa María de Guadalupe! ¡Viva el Papa! Corazón Santo, Tú reinarás, México tuyo siempre será.

Y mientras más trataban los enojados soldados de hacerle callar, él gritaba con más energía y cantaba más emocionado. Los testigos refieren que al pasar delante del templo parroquial, el Padre Sedano exclamó con fuerte voz, que muchos oyeron claramente:

- "San José, patriarca mío, a quien este templo está dedicado, voy a morir por Cristo. Te saludo y te invoco pidiendo por todas estas almas. Dentro de breves momentos te veré en el cielo".[28]

Y dirigiéndose a los transeúntes que se agolpaban a su paso para verle, les decía en voz alta:

- "Soy sacerdote y me llevan a morir por Cristo. ¡Viva Cristo Rey! ¡Viva santa María de Guadalupe!

Católicos ahorcados en los postes del telégrafo, junto a la vía del tren, en el estado de Jalisco durante la persecución religiosa de los años veinte

[28] Idem, p. 348

Cómo se consumó su martirio

Llegaron a la estación del ferrocarril, pues en sus inmediaciones estaba instalado el cuartel militar. Un indigno y violento capitán apellidado Urbina los esperaba a la puerta y los saludó con una sarta de injurias. Sin inmutarse el Padre Sedano continuaba rezando y prorrumpía en fervorosas exclamaciones a Cristo y a Santa María de Guadalupe, sus dos grandes amores.

- ¡Cállese! –le gritó el militar.
- Mientras esté con vida, no dejaré de rezar –respondió el sacerdote, y, para confirmarlo lanzó un sonoro: –¡Viva Cristo Rey! ¡Viva Santa María de Guadalupe!
- ¡Cállese, cobarde! –le intimó de nuevo el bruto militar, lleno de cólera.
- Los católicos no somos cobardes –replica el Padre con serenidad–. Y las pruebas ustedes mismos las tienen. Si éstos, al aprendernos, no hicieron fuego, es porque no tenían rifles; déles usted armas y tendrá una prueba de la valentía de los libertadores de la patria. Los cobardes son ustedes. Pueden matarnos en seguida, estamos dispuestos a morir. ¡Viva Cristo Rey!

Temblando de rabia, aquel cobarde capitán callista sacó entonces su pistola y disparó a quemarropa sobre el Padre Sedano, quien cayó ensangrentado sobre la plataforma del camión en que los condujeron y del cual aún no había descendido. Al desplomarse y sentirse moribundo, bañado con su sangre, todavía sacó fuerza para murmurar un último "¡Viva Cristo Rey!", que escucharon los presentes.

Los demás prisioneros fueron fusilados de inmediato, y a los seis –el Padre más los cinco cristeros– los suspendieron en unos postes del telégrafo, a otros de las ramas de unos eucaliptos junto a la vía del tren. Para hacer el cuadro más macabro, también fueron colgados en unión con ellos, cinco cadáveres de soldados callistas que habían sido traídos ese día, pues habían muerto en un combate contra los cristeros del Volcán, y estos fueron despojados de su uniforme para aparentar en número de diez muertos como todos si fuesen cristeros. Era una táctica común de los soldados callistas.

El cuerpo martirizado del párroco de Zapotlán, Jalisco

Muerto ya el Padre Sedano, la soldadesca le despojó de sus zapatos y de los pocos objetos de valor que llevaba; después, con una soga al cuello, le arrastraron hasta el pie de uno de aquellos grandes árboles y trataron de suspenderle, pero la rama crujió y se vino al suelo. Por segunda vez intentaron colgarle de otra rama, con idéntico resultado. ¡Parecía que el mismo eucalipto se negara a participar de aquel crimen repugnante!

Entonces procedieron de otra manera: pasaron la soga por la parte superior del tronco, en el nacimiento de las primeras ramas, y apoyaron el cadáver contra el grueso eucalipto, quedando así elevado un poco del suelo. Los impíos verdugos entonces prorrumpieron en gritos, rechiflas y blasfemias, y todavía no satisfechos ante aquel cuerpo del sacerdote mártir cubierto de sangre y tierra, lo hicieron objeto de un ultraje más: los soldados practicaron contra él el tiro al blanco[29].

En sus rodillas se fijó un papel con un letrero que decía: "Este es el cura Sedano". Un nuevo mártir, otro sacerdote fiel a su misión y a Jesucristo, dejaba en la tierra el testimonio máximo de la fidelidad. Su fe y amor a Jesucristo y a la Virgen de Guadalupe lo sostuvieron hasta el final.

> La Iglesia perseguida fue despojada de todos los bienes que empleaba en sus múltiples obras de cultura cristiana; se cerraron sus escuelas, se maltrató a sus sacerdotes, se impidieron las nuevas vocaciones astutamente por medio de la prensa infame, se multiplicaron a pretexto de libertad los centros de corrupción y, muchos, muchísimos de los pueblos y parroquias rurales, se quedaron sin sacerdotes que cultivaran en la religión cristiana las buenas cualidades de los mexicanos.[30]

---

[29] "Cansados los soldados de practicar el tiro al blanco, destrozado hasta las entrañas el cuerpo del mártir, al fin terminaron aquella orgía de sangre. Se alejaron dejando abandonados los cadáveres, que recogieron piadosamente los católicos para darles honrosa sepultura". Cf. P. Lauro López Beltrán en su libro *La persecución religiosa en México*, ed. Tradición, México 1991, p. 387.

[30] Cf. Cardoso Joaquín, *Los mártires mexicanos*, Buena Prensa, México 1953, p. 109

9
JUVENTUD SEGADA

El contexto apenas si cambia un poco. De Jalisco nos trasladamos ahora al vecino estado de Colima para narrar las siguientes historias de heroísmo juvenil y valor cristiano, en aquellos años tremendos. Reconstruyamos la escena.

A la caída de la tarde del 24 de julio de 1928, un destartalado automóvil pasaba, dando tumbos, por una de las callejas de Colima rumbo hacia alguna de las rancherías de los alrededores campestres. Iba al volante un muchacho llamado Francisco Valdés, ruletero de oficio, y muy conocido en la ciudad. Era un simpatizante y había colaborado en varias ocasiones con los cristeros de la zona del Volcán. Dentro del auto viajaban algunos jóvenes: Benedicto Romero, Manuel Hernández y Francisco Santillán, así como dos valientes señoritas de las brigadas Santa Juana de Arco. Candelaria Borjas se llamaba una de ellas.[31]

Se trataba de una de las frecuentes salidas del viejo automóvil, en misión de socorro con sus cargas de medicinas, víveres e incluso algo de parque para los cristeros, que les entregaban los comisionados en propias manos. El procedimiento les había funcionado muy bien en anteriores ocasiones: se detenía el coche en una de las rancherías a la falda de las montañas, para que de allí a su vez, a pie o sobre mulas, otros tomaban el relevo y trasportaban el espera-

[31] La información obtenida en su mayor parte viene del citado libro del Padre Cardoso, *idem*, cap. 18.

do material hasta el campamento cristero en las montañas. Francisco Valdés guardaba secreto, pues con lealtad ya había ofrecido su auto en otras ocasiones para aquellas peligrosas expediciones.

Pero aquella tarde fue uno de esos malos días en que una circunstancia inesperada puede echar a perder todo un plan guardado celosamente. Sucedió que, al entrar el coche por una de las calles que atravesaban de una parte a otra la ciudad, para salir al campo, pasó junto a un militar de a caballo, que muy quitado de la pena se dirigía también por el mismo rumbo a su cuartel.

Con toda naturalidad el militar volvió la cabeza y recorrió con su mirada a los ocupantes del vehículo que pasaba; pero las dos señoritas se alteraron e imaginaron que podía tratarse de un espía de los callistas, y una de ellas cuando ya había pasado el coche al jinete en su marcha, sacó la cabeza por la ventanilla para cerciorarse, temerosa, si el militar seguía o no el coche.

El jinete no había apartado su vista del vehículo y se sintió halagado en su vanidad por lo que pensaba ser una manifestación de coquetería femenina, tanto más que a los pocos momentos volvió a sacar por la portezuela la misma cara agraciada de la joven que tornaba a mirarle con atención. Picó entonces el militar a su caballo, para apresurar el paso, y seguir más de cerca el automóvil, con la intención de trabar conversación con la muchacha.

En un vehículo como éste, los cristeros de Colima cumplían sus arriesgadas misiones

Pero aquella acción, advertida por el chofer, también ya sugestionado por los temores de las dos muchachas, le hizo perder la calma: al instante se consideró descubierto y perdido. Entonces, presa del pánico y sin razonar más, el único modo que se le ocurrió para salvarse fue denunciar él mismo a los que en él habían confiado otras veces. Sin decir palabra, hizo girar el coche directamente hacia la jefatura militar, ante la sorpresa de los muchachos. Apenas se aproximó a la puerta del cuartel gritó a los centinelas:

- "Aquí traigo a unos cristeros, ¡agárrenlos!"

El mismo jinete que venía detrás del auto se quedó atónito al escuchar aquello, y no tuvo más remedio que presenciar cómo los soldados se echaban sobre los ocupantes para aprehenderlos y después registraban la cajuela, en donde encontraron todo el equipo de medicinas y víveres, además de unos cuantos cartuchos de rifle. ¡Las pruebas irrefutables! ¿Y los acusados quiénes eran?

JUVENTUD GENEROSA

Benedicto Romero era un muchacho de carácter generoso que en 1921, a sus quince años de edad, pasó de su pueblo San Jerónimo al seminario de Colima, porque quería ser sacerdote. Juicioso, formal y muy humilde, se desvivía por servir a sus compañeros, procurando hacerlo siempre con la sonrisa en los labios. A juicio de sus formadores del seminario, Benedicto poseía una piedad constante y sólida, y si por reserva no hacía ostentación de ella, jamás se dejó vencer por el respeto humano para no manifestarla en las ocasiones que se ofrecieron.

En más de una ocasión sus compañeros del colegio se sorprendieron al ver que llevaba ceñida a la cintura una áspera y gruesa cuerda de ixtle, atada por sentido de penitencia. Cuando clausuraron el seminario durante la persecución religiosa y expulsaron a los muchachos, Benedicto entendió que era el momento de pasar a los hechos contra los perseguidores de Cristo. Era pacífico pero no un pacifista que se deja mangonear cuando ultrajan su fe y sus valores más queridos. Era uno de los promotores de la paz, mas no "pacifistas", que es diverso. El Evangelio no dice "bienaventurados los pacifistas", sino: "Bienaventurados los obradores de la paz, porque serán llamados hijos de Dios" (*Mateo 5, 9*).

Benedicto Romero tomó su resolución y corrió a las montañas para enrolarse con el ejército libertador de los cristeros. Durante su breve actuación en los campos de batalla su valor, juventud y decisión se hicieron notables como lo había sido su piedad en el seminario.

Manuel Hernández era un digno émulo de Benedicto. Había nacido en Guadalupe, un pueblecillo de Jalisco. Todavía jovencito, en 1923 había sido llevado al seminario de Colima por el Padre Gumersindo Sedano, de quien se ha narrado antes su martirio, durante aquella cruenta persecución. Su alma era limpia y conservaba la inocencia moral debido a que le había consagrado su persona a María Santísima de Guadalupe, bajo la dirección espiritual del señor cura Sedano.

Gracias a su despejada inteligencia aprovechaba bien en los estudios, y cuando su amado seminario cayó en poder de los perseguidores callistas, se dedicó a ayudar a la noble causa de los defensores de la fe. Con un celo y actividad notables se dedicó a repartir propaganda religiosa desde la ciudad, donde formó parte de los comisionados voluntarios para llevar los auxilios a los campamentos cristeros del volcán.

Manuel se distinguió como un joven virtuoso: era un enemigo acérrimo de la pereza, –que la sabiduría popular retrata muy bien, como madre de muchos vicios– y para emplear sus energías restantes, al mismo tiempo que fungía como auxiliar comisionado, entró a trabajar en un taller de huaraches y sandalias de su localidad. Además, en sus tiempos libres después del trabajo continuaba sus estudios en particular, impulsado por el gran deseo de llegar a ser un día, si Dios lo permitía, un buen sacerdote. El Señor le tenía destinado para otro cometido heroico.

Francisco Santillán era el más joven del grupo, pues tenía apenas catorce años, cuando sucedieron los hechos que aquí se narran. Su caso es también conmovedor, pues al morir por Cristo a esta corta edad él es el "Benjamín" de los mártires colimenses. Francisco era sobrino de un párroco, el Padre Victorino Santillán, quien lo enseñó desde niño a ayudar la santa Misa en el templo de San José.

Se le recuerda vestido con su sotanita roja y su blanco roquete, pues su figura causaba gracia y la edificación de los buenos parroquianos, al ver la devoción y atención con que el pequeño monaguillo servía en el altar el Santo Sacrificio. Muchos pensaban en él como otra promesa vocacional. Sin embargo, Dios tenía otros planes: la corona del martirio le abrió las puertas del cielo, mostrando cuál era su auténtica vocación.

Es importante hacer aquí una aclaración: ciertamente, aquí hablamos del *martirio* de estos jóvenes, por el hecho de haber muerto públicamente en la defensa de la fe católica. De ningún modo se pretende adelantar el juicio de la Iglesia, la única a quien corresponde dar el veredicto definitivo sobre cada uno de los casos martiriales.

Manuel Hernández y Francisco Santillán (de 14 años), momentos antes de ser fusilados en una calle de Colima

CORAZONES HEROICOS

Candelaria Borjas era una de aquellas muchachas admirables por su piedad y valor cristiano que formaban las heroicas Brigadas Santa Juana de Arco, dignas y pares en valentía que los mismos cristeros, los defensores del catolicismo mexicano durante la dura persecución religiosa. Uno de los hermanos de Candelaria, llamado Rafael, ya había dado su sangre generosa por Cristo, de manera que ambos hermanos con sus gloriosas gestas han cubierto de honor y dignidad a su familia, en la que los cristianos padres supieron infundirles tan nobles valores.

La chica acompañante de Candelaria era asimismo miembro de las Brigadas Santa Juana de Arco. En los momentos de confusión que siguieron a los gritos del chofer y el asalto de los soldados al coche, logró hábilmente escapar, pero no para abandonar por miedo esas arriesgadas misiones de las muchachas brigadistas, sino para poder seguir en libertad con más ahínco en su empeño. Mas si a ella no le tocó participar de la palma martirial, pronto tuvo una sucesora que la representara dignamente en la tragedia que se verificó.

El infeliz Valdés, después de su gesto de imprudencia y cobardía, víctima del miedo había desatado la lengua en la jefatura a donde había conducido a los jóvenes, y continuó denunciando a varias personas de Colima que él había trasportado en su auto, o que eran proveedoras ocultas de los comisionados y de las Brigadas femeninas para llevar los auxilios de ropa, parque y medicinas a los cristeros del Volcán.

Así fue que aquella misma noche los soldados del general Charis –el jefe militar en Colima-, se repartieron en escuadrones por la ciudad e hicieron irrupción en varios domicilios particulares, de los que sacaron a numerosas personas sorprendidas y las llevaron prisioneras al antiguo seminario transformado entonces en jefatura de la guarnición militar. Varios cristeros y colaboradores de la santa causa cayeron de este modo presos aquel extraño día de julio de 1928.

Entre los prisioneros se encontraban algunos familiares de Candelaria Borjas; también varios señores de la mejor sociedad colimense y, destacándose entre todos, la joven **María Ortega**, quien era otra de las valientes muchachas de las Brigadas S. Juana de Arco. Ella estaba destinada por la Providencia a suplir en el escenario del martirio a la fugitiva compañera de Candelaria.

Muchachas de Colima pertenecientes a las Brigadas Juana de Arco

El calvario dentro del seminario

Mientras se hacían esas aprehensiones, el general Charis estaba muy ufano por la buena redada del día y pensaba quizá en un ascenso antes sus jefes por "sus méritos". Entonces ordenó que llevaran a su presencia a los ocupantes del automóvil. Benedicto Romero que era el más fuerte del grupo, ya meditaba alguna acción sorpresa para escapar, e intentó zafarse de las manos de los soldados aprovechando la confusión. Sin embargo fue menos afortunado que la chica prófuga y allí mismo cayó asesinado por uno de los militares, quien advirtió sus intentos de sacar un arma que tenía oculta. Era el único que iba armado de los prisioneros.

Su cadáver primero fue despojado de sus ropas y después lo arrojaron como a un animal de caza en el mismo patio del seminario, a la vista de sus consternados compañeros. Poco más tarde Charis comenzó el interrogatorio. Quería una confesión plena de los planes, además de la denuncia de todos los jefes cristeros de la región. Exigía también que delataran el lugar de sus campamentos y sus efectivos militares. ¡Había llegado el momento de la prueba suprema para estos jóvenes generosos!

"Pero, si les hubieran cortado la lengua, no hubieran sido más mudos en la respuesta –refiere el Padre Cardoso en su libro[32]–, por lo que enfurecido el militar, mandó abofetearlos hasta hacerles derramar sangre por boca y narices. ¡Vano intento! Eran de la misma madera de los legendarios héroes del cristianismo".

Viendo que no procedía como lo había pensado, Charis entonces tuvo una idea diabólica. "Mandó desnudar a los dos muchachos **Manuel Hernández** y **Francisco Santillán**, y amarrarlos de pies y manos a los troncos de dos gruesas palmas que se alzaban esbeltas en el patio del seminario, bajo cuyas grandes hojas tantas veces, en otro tiempo lo seminaristas, y entre ellos Romero y Hernández, habían pasado sus alegres recreos –continúa Cardoso–, sin sospechar ni por un momento que aquellas hermosas palmeras habían de ser un día los tronos de su gloria como la Cruz de Cristo en el Calvario".

Dos cruces y dos "Magdalenas"

La imaginación sádica de aquel sujeto vestido con divisa militar ideó entonces otro cuadro siniestro: ordenó que los amarraran a las palmeras con los brazos abiertos en cruz; que pusieran a sus pies el cadáver de Benedicto Romero y a los lados de las cruces

[32] Cf. *Los mártires mexicanos*, Buena Prensa, México 1953, p. 121

a las señoritas Borjas y Ortega, recreando así un simulacro de la tragedia del Viernes Santo, en la cima del Calvario. Satisfecho de su "genialidad artística", los dejó así toda la noche bajo la guardia de centinelas mientras él se iba a descansar de su agotadora jornada.

¡Qué noche pasaron aquellos pobres! Los numerosos prisioneros encerrados en las antiguas dependencias del seminario, la pasaron también en blanco, presas de angustia y compadeciendo en sus corazones a aquellos nobles muchachos tan duramente maltratados. ¿Qué suerte les estaba a ellos reservada? ¿Les había también llegado la hora del martirio? ¿Se verían obligados a confesar su fe ante aquellos perseguidores, aún a costa de esos mismos tormentos que veían inflingidos en aquellos muchachos tan buenos, con tan cruel saña y cinismo? Pero sucediera lo que viniere aquellos hombres y mujeres estaban resueltos a no desmerecer del nombre de católicos.

Les sostenía el ejemplo de aquellos dos jovencitos amarrados en cruz, desnudos y a la intemperie, bajo las sombras de la noche, que sin embargo permitían ver cómo algunas lágrimas surcaban a veces sus mejillas; ver cómo apretaban sus labios para no dejar salir de entre ellos ni una queja, ni una palabra comprometedora para sus compañeros, parientes o amigos de los cristeros.

El de aquellas dos muchachas, Candelaria y María, de pie dignamente inmóviles, bajo las cruces de Manuel y de Francisco, semejantes a estatuas dolorosas o más bien a imágenes de la Madre doliente del Salvador bajo la cruz de Jesucristo; aquel cadáver ya rígido de Benedicto tendido por tierra entre las dos muchachas martirizadas... todo aquel cuadro espeluznante que a propósito se dejaba contemplar a los demás prisioneros desde los corredores a que daban las puertas abiertas de sus salas prisión, aunque siempre bajo la vigilancia de los centinelas. ¿Cómo se puede llamar a esa actitud de los verdugos?

Toda aquella escena fantástica y macabra, espantosamente cierta, ideada por la mente criminal de Charis con el fin de atemorizar a los católicos, resultaba precisamente contraria a sus designios, porque más los confirmaba en su fe, los convertía en héroes en potencia y los motivaba a ofrecer el holocausto de sus vidas –si fuera preciso– a Cristo Rey para confesarle públicamente. La meditación de las horas de la agonía de Jesús en el Calvario, muerto por todos nosotros, les daba la fortaleza necesaria para afrontar lo que viniera. La fortaleza que Dios concede a sus mártires.

“no me puedo negar, porque no soy fiera sino hombre”

Entre las personas presas se encontraba la Sra. Guadalupe Silva de Parra, muy conocida en la sociedad colimense, y que había sido aprehendida por el único delito de ser la propietaria de la fábrica “El Ideal”, en que trabajaba Manuel Hernández. Sentía ahogarse en el interior del salón donde estaba y salió unos momentos al corredor; entonces Manuel la vio y la reconoció. Sabía cuánta era la bondad de la buena señora, y la llamó desde la palmera en que estaba crucificado, sacando un leve quejido de voz y tal vez recordando una de las palabras de Jesús en su agonía:

- Doña Lupe, tengo mucha sed. ¿No pudiera usted conseguir que me den un poco de agua, por caridad?
- Espérate un poco, hijo –le respondió la señora– y, dirigiéndose a uno de los centinelas, le pidió permiso para sacar agua de la fuente central del patio, en una vasija que allí estaba; llevó el recipiente a Manuel y se lo acercó a la boca para que calmara un poco el tormento.

Bebió Manuel y le dio gracias a doña Lupe, y ésta se dirigió también a Francisco para acercar el vaso a sus labios para que bebiera, pagándole éste su caridad con una leve sonrisa, pero que valía más que muchas palabras. La señora había podido ver los brazos de los dos muchachos mártires hinchados hasta casi reventar de morados, por causa de las ataduras que los sujetaban al tronco de la planta.

Entonces se volvió al soldado, quien a su pesar estaba conmovido ante aquella escena, para pedirle en nombre de Dios que aflojara un poco al menos las ligaduras. El soldado alzó los hombros como expresando: "quizás me castigue el general por eso, pero no me puedo negar, porque no soy fiera sino hombre"[33]; y como lo pidió doña Guadalupe lo hizo, dando con ello algún consuelo a los mártires. No hay duda de que todo pequeño acto de caridad hacia el prójimo, aunque fuere un vaso de agua no quedará sin recibir su recompensa en el cielo.

A espaldas de la Catedral...

Eran ya las ocho de la mañana de aquel 25 de julio de 1928, cuando el general Charis salió para dar unas nuevas órdenes. Un piquete de soldados se formó en dos filas a las puertas del seminario, mientras otros bajaban de sus cruces a los dos muchachos. Se alistaron entonces dos parihuelas: en una se puso el cadáver de Benedicto y se obligó a Candelaria y a María Ortega que cargaran con ella. En la otra parihuela depositaron los paquetes de medicinas y víveres, junto con los cartuchos recogidos de la cajuela del automóvil donde los habían detenido.

---

[33] Idem, p.123

El más extraño cortejo fúnebre que haya presenciado Colima por su calles comenzó entonces. Entre las dos filas de soldados iban delante, a medias cubiertos y casi sin poder andar, Manuel y Francisco, con el rostro ensangrentado por las bofetadas de los soldados de Charis, y el cuello cubierto por los hilos de sangre que durante su martirio había escurrido de sus heridas toda la noche.

Seguían detrás Candelaria y María cargando penosamente en la camilla el cadáver de Benedicto, ya endurecido por el rictus de la muerte. Finalmente, la otra parihuela llevada por dos soldados, contenía el "botín de guerra" de aquella honrosa campaña: las pocas medicinas para los heridos y enfermos y los víveres que nunca recibieron los hambrientos héroes que luchaban en la zona del Volcán.

Cerraban la marcha otras señoritas de la Brigada Santa Juana de Arco, aprehendidas durante la noche debido a las delaciones. Todo el conjunto entre un piquete de soldados. Así fueron conducidos todos hasta las espaldas de la Iglesia Catedral de Colima. Y contra el muro del sagrado templo, en plena calle, se alineó a los prisioneros y prisioneras. En la mitad de la fila estaban Manuel y Francisco.

Los soldados rifle en mano tomaron posiciones, pero tenían órdenes de disparar sólo contra ellos y no contra las muchachas, a quienes únicamente pretendían hacer sufrir. Manuel pidió permiso para hablar, pero se lo negaron. Francisco se persignó serena y devotamente, y con la entereza y grandeza de alma propia de los mártires de Cristo, casi sonriendo, esperaron la muerte.

Muchachas de las Brigadas S. Juana de Arco de Colima.
En el suelo yacen los cadáveres de los tres jóvenes cristeros fusilados

Fusilados en plena calle

Una fuerte descarga derribó a los dos jóvenes cristeros. Francisco murió en el acto, pues una de las balas le partió el corazón. Manuel cayó moribundo y el capitán del pelotón tuvo que darle tres veces el así llamado "tiro de gracia". Testigos presenciales refieren que le temblaba el pulso. María y Candelaria esperaban serenas también la muerte. Ya habían ofrecido sus vidas al Señor, por el triunfo de su santa causa, y no tenían miedo.

Pero el capitán señaló a dos centinelas que se quedaran allí y a las mujeres que permanecieran de pie haciendo la guardia a los cadáveres de los tres muchachos, que habían de permanecer todo el día tirados en el suelo de la calle, a fin de que los habitantes de Colima pudieran palpar qué tipo de justicia ejercían los enemigos declarados de Dios y de la libertad religiosa. Y para mayor efecto, allí dejaban también aquel magro botín de guerra que nunca llegó a su destino en los campamentos cristeros del Volcán.

El pueblo desfiló todo el día ante aquel triste cuadro, con grandes muestras de dolor y reverencia, salvo unos pocos, poquísimos a decir verdad, que aprovecharon para reírse y mofarse ante los cadáveres ensangrentados de aquellos jóvenes cristeros, y de aquella guardia nunca antes vista, de las católicas y valientes señoritas de las Brigadas... No hay por qué extrañarse; también al pie de la cruz hubo quienes se mofaron de Jesús y le invitaban a bajarse: "A otros salvó, sálvese a sí mismo, si él es el Mesías de Dios" (*Lucas 23, 35*).

Horas de la pasión para María y Candelaria

Después de largas horas de suplicio terminó aquella macabra exhibición, pues lo soldados callistas mandaron algunos civiles a recoger los cadáveres para sepultarlos, mientras llevaron de nuevo a la prisión a las dos mujeres, casi desfallecidas por el sufrimiento y la falta de agua y alimentos. Pero para María Ortega y Candelaria Borjas no había aún terminado su martirio, sino que esa misma noche comenzaba otra etapa dentro de la prisión.

Aisladas una de otra, en medio de la oscuridad de la noche, fueron conducidas a unos patios internos del seminario-cuartel. Entonces aquellos cobardes sujetos vestidos de militares, formados en la escuela liberal del *respeto al derecho ajeno* y del "no hay Dios", primero se complacieron en abofetearlas a su gusto, a continuación las azotaron y aún las amenazaron con hacerlos algo peor que eso, que si no llevaron a cabo fue porque la Providencia de Dios no las abandonó en esos momentos de amargura máxima.

Pero, ¿qué es lo que querían aquellos infames? Que les dijeran lo que habían callado los tres mártires; que denunciaran los nombres de los jefes, los lugares donde se reunían y demás información útil para el gobierno militar. Mas ellas también guardaban silencio, a ejemplo de sus compañeros de misión recién victimados. Les daba ánimos el pensamiento de que mucho antes que ellas también habían sufrido, con el mismo heroísmo, con la misma fortaleza cristiana, con la misma fe y amor a Dios, aquellos mártires de la Iglesia primitiva y los de todas las épocas de la historia del cristianismo.

- Verán ustedes, ¡chulas hipócritas!.. si con el collar que les vamos a regalar con esta cuerda no cantan de plano, antes de los último pataleos... ja, ja, ja
- No tenemos miedo más que al Dios que nos ha de juzgar, y también los juzgará a ustedes, un día no muy lejano.
- Ya, ya veremos si las salva de la horca su Cristo Rey...

Y diciendo y haciendo, echaron una soga al cuello de Candelaria, y la suspendieron por unos momentos en el aire. La joven perdió el sentido. No querían matarla, sino atormentarla, y entonces la bajaron dejándola tirada en el suelo entre la inmundicia de la estancia, que había sido convertida en una caballeriza.

Acercaron entonces a María Ortega para que contemplara entonces el estado deplorable en que habían reducido a su heroica compañera, pero tampoco ella manifestó miedo y se dispuso a afrontar el mismo suplicio. Los verdugos irritados, mostrando su villanía y bajeza de alma, la colgaron entonces hasta dejarla desfallecida, y también la tiraron encima de un montón de estiércol. Con las huellas del martirio en sus cuerpos pasaron aquella noche terrible.

Al despuntar el día, las hienas volvieron al lugar de su hazaña, y a puntapiés, echándoles cubos de agua fría encima lograron que ambas jóvenes volvieran en sí. Las levantaron y las amenazaron con fusilarlas en el acto si no hablaban. Pero la pobre Candelaria no volvería a hablar por muchos años, porque el suplicio de la horca en su cuello y el frío de la madrugada habían destruido su laringe...

Pero aunque no se la hubieran dañado de esa forma, ella jamás delataría nada de lo que sabía ni a sus compañeros y compañeras de la santa causa cristera. Así pues, las volvieron a sacar al patio, formaron el cuadro de ejecución, les ataron a las dos las manos a la espalda, les vendaron los ojos... y dispararon al aire sus máuseres.

Todo aquello era una farsa sádica e infame, propia de unas mentes enfermas y de ánimo diabólico. Pero aquellas dos frágiles jovencitas que eran incapaces de sostener un máuser en sus manos fueron más fuertes y al final vencieron, porque las vivificaba y fortalecía su amor a Dios, a la Virgen de Guadalupe. Habían derrotado a sus enemigos.

Heroínas mexicanas desconocidas

Los soldados de Charis se mostraban irritados con su fracaso de verse superados "por unas viejas". Entonces se retiraron dejándolas abandonadas dentro de la caballeriza, cuyas puertas cerraron y la convirtieron en prisión pestilente. Allí permanecieron contra su voluntad por más de dos semanas, hasta el 16 de agosto de aquel 1928, enfermas, dolientes, hambrientas, pues hubo un día en que no les llevaron ni un panecillo, ni un poco de agua para beber, ¡ya no decir para poder lavarse un poco las heridas!.. ni siquiera sin un petate donde tirarse a descansar.

Casi ahogadas por el nauseabundo olor de la caballeriza, a oscuras, solas, pero confortándose la una a la otra como hermanas y sobre todo, orando, orando mucho por la salvación de México. Con la voz fatigada, María Ortega confortaba a su compañera:

- Candelaria, vamos a rezar el santo Rosario y pidamos la protección de Nuestra Madre Santísima de Guadalupe por nuestra patria y por nuestros compañeros cristeros. Tú no te esfuerces, yo rezo por ti con mi voz, tú sígueme con el corazón.

Por fin ese 16 de agosto, un día después de la fiesta de la Asunción de la Virgen a los cielos, se abrieron las puertas de su inmunda prisión para sacarlas así como se encontraban: sucias, desgreñadas, débiles y enfermas, medio ciegas por la falta de luz, sin poder hablar y Candelaria con su laringe destrozada. Ni aún viéndolas en aquel estado miserable los verdugos probaron algo de piedad, sino que las unieron a un grupo que formaban otras víctimas de aquella cruel persecución contra los cristianos de México, y fueron conducidas a un tren que las desterró de su patria chica a la norteña Monterrey.

No se sabe cuál fue el fin de aquellas heroicas muchachas, Candelaria Borjas y María Ortega, mártires en vida por su fe y fidelidad a Jesucristo a toda prueba. Como escribió su fiel cronista en el año 1953: "Si aún viven que me perdonen si no he sabido relatar toda la grandeza de su alma, todo el heroísmo de una vida que ya está sellada por el martirio. Y también que recuerden, como estoy seguro que lo harán si viven, que esa su invicta fortaleza en el martirio se la deben a Dios, el único que es capaz y es poderoso y bondadoso para dar tal heroísmo a sus débiles criaturas".[34]

---

[34] Idem, p.125

Candelaria Borjas y **María Ortega**, ¡heroínas sin gloria!, dos intrépidas jóvenes que fueron miembros de las Brigadas Santa Juana de Arco en Colima, durante la persecución religiosa, dignas hijas de México, modelos de la mejor juventud generosa. Ellas merecen un puesto de honor en la historia patria y de los mártires. Y aunque sus nombres y su historia heroica no fuesen conocidos en la tierra, eso en realidad es muy relativo, pues su recompensa es grande y Dios se la tiene asegurada en los cielos.

10

LOS TRES MÁRTIRES DE SAN JOAQUÍN [35]

Una misma sangre, un mismo ideal

La sangre siempre ha sido considerada como el asiento principal del alma, tanto en las mayores culturas como en el mismo pueblo de Israel. En efecto, el alma es la que vivifica al compuesto humano y lo hace por medio de la sangre distribuida por todo el cuerpo. Derramar la sangre por una buena causa, como puede ser la defensa de la patria, equivale a entregarle toda su alma, todo el amor de que se es capaz. Por eso, cuando los mártires han derramado su sangre por confesar públicamente su fe en Jesucristo, quieren expresar con ello que lo aman por encima de su misma vida.

Considerar la figura siempre actual y edificante del mártir cristiano significa, ante todo, pensar en el martirio como un don y una vocación que Dios concede solamente a unos pocos, y por lo mismo su testimonio se convierte en el mayor acto de amor que puede ofrecer una persona a Dios. Porque unir la sangre en un mismo holocausto con la de otro u otros compañeros de martirio, resulta también un signo evidente de que aquellos que sufren el martirio y mueren perdonando a sus enemigos tienen un mismo ideal superior, que no es sino la fe en Jesucristo Salvador del mundo.

---

[35] Fuentes de consulta: Cardoso Joaquín, *Los mártires mexicano*", Buena Prensa, México 1953; Pérez José D., *León Cristero*, León, Gto. 1969; y también Comisión Diocesana Mexicana de Causas de Canonización.

Es importante aclarar que la Iglesia jamás ha invitado a nadie a obrar con temeridad para que "busque" el martirio o hacerse mártir, ni siquiera durante las más duras persecuciones a que fue sometida, como las primeras bajo los emperadores romanos Nerón y Diocleciano, y muchos siglos más tarde durante la durísima persecución religiosa en España, de los años 1936 - 1939[36].

El martirio no debe ser buscado voluntariamente sino recibido con santa resignación, como una vocación particular. Tampoco se trata de un gesto de soberbia, de desprecio por la vida, sino por el contrario se trata de un gesto lleno de amor por Dios y el prójimo, y por los enemigos a quienes el mártir de Cristo perdona sinceramente.

La muerte del cuerpo es todo lo que queda en manos del verdugo y del perseguidor, cuando se ha dado cuenta de su impotencia por doblegar la voluntad del mártir de Cristo y hacerlo renegar de su creencia. Esta fortaleza cristiana se basa en las palabras mismas de Nuestro Señor: "No tengáis miedo de aquellos que pueden matar el cuerpo, pero que no tienen poder de matar el alma; temed más bien al que puede hacer perecer el alma y el cuerpo en la Gehena" (*Mateo 10, 28*).

México, nación cristiana

Desde que el cristianismo llegó a México desde España, a inicios del siglo dieciséis, comenzó a desplegar toda su virtud civilizadora y evangelizadora. Aquellos primeros misioneros supieron infundir en los nativos conversos el mismo ideal cristiano que ha forjado el pasado glorioso de la hermana nación hispana, que a lo

---

[36] Ver al respecto, el magistral trabajo de Antonio Montero Moreno, *La persecución religiosa en España 1936-1939*, ed. BAC, Madrid.

largo de la historia se ha destacado como un baluarte de la cristiandad. Los frutos espirituales que se cosecharon fueron magníficos, pues desde inicios del siglo diecisiete en la Nueva España los misioneros franciscanos, dominicos, agustinos, carmelitas, jesuitas y de otras congregaciones religiosas, ya habían convertido a la fe verdadera a una gran parte del pueblo.

Esto trajo como consecuencia que el ideal cristiano católico del alma española había pasado a ser el mismo ideal del alma mexicana, representada en su variedad de razas india, mestiza y criolla. Eran las dos sangres unidas que iban formando la identidad de México como nación, bajo el amparo y protección amorosa de Santa María de Guadalupe, cuya milagrosa aparición en 1531 en el Tepeyac resultó determinante para todo el proceso evangelizador y civilizador de la nueva nación.

> Si México todavía es católico en su inmensa mayoría, si pudo dar al mundo el espectáculo glorioso y ejemplar de la grandeza de alma de nuestros mártires, hay que atribuirlo con toda verdad a un milagro estupendo de la Virgen Santísima de Guadalupe, cuya protección al pueblo mexicano ha salvado a ese resto numeroso y valiente, el naufragio de toda decencia y todo honor y toda virtud que nos preparaba la inundación del liberalismo... y en Ella está cifrada nuestra esperanza de que la sangre generosa de nuestros mártires fructifique en este suelo, que amparó siempre.[37]

México, evangelizado por los misioneros españoles, quedó así bajo la protección de la Reina del Cielo y gracias a esto pudo salir del abismo de ignorancia religiosa y de oscuridad en que viviera

[37] Cf. Cardoso Joaquín, *Los mártires mexicanos*, Buena Prensa, México 1953, p. 110

antes de la llegada del cristianismo. Como es sabido tales manifestaciones de crueldad tuvieron su causa principal en la ignorancia y rudeza religiosa de los indios, cuya expresión más trágica fueron los atroces sacrificios humanos de los pueblos vencidos, practicados principalmente por los aztecas pero también por los mayas.

A partir del siglo XVI, en aquel amplio periodo de tiempo conocido como la *Colonia* o época colonial, la identidad cristiana de la nación quedaba definitivamente forjada[38]. Unidas por una misma sangre, por un nombre común, la Nueva España a la vieja España peninsular, adquirieron entre sí un vínculo aún más estrecho y persistente: el de la misma fe en Cristo Rey. Las raíces de México, Nueva España, son definitivamente cristianas.

Bautismo de sangre

Pero la consolidación de la fe verdadera en cualquier nación nunca ha estado exenta de la cruz y del sacrificio. Precisamente durante el transcurso del siglo diecisiete novohispano, encontramos un remoto episodio que concluyó con el martirio de un nutrido grupo de mexicanos y españoles. Se trata de la terrible sublevación de los tepehuanes de Durango[39], cuya memoria histórica se recuerda

[38] "La evangelización de Nueva España dejó impresa una huella profunda en el ser y en el trascender de la nueva cristiandad –en la que tomaban sitio lo mismo los nuevos bautizados que los cristianos viejos-." Cf. Alvear Acevedo Carlos, *La Iglesia en la historia de México*, Jus, México 1995, p. 98.

[39] "Fue dirigida y estimulada por algunos que ya habían sido bautizados, y con influencia de un hechicero que disponía de gran prestigio. Se arrasaron sitios y se provocaron las muertes de sacerdotes, de españoles y de naturales cristianizados. Esto ocurrió en Nueva Vizcaya, en el siglo XVII, y en riesgo posible estuvo la misma ciudad de Durango. La revuelta fue finalmente sofocada por el gobernador, Gaspar de Alvear, con el apoyo de españoles e indios". Cf. Alvear Acevedo Carlos, *La Iglesia en la historia de México*, Jus, México 1995, pp. 104-105

muy poco o casi es desconocida por el gran público. ¿Quién ha leído o escuchado algo sobre tal rebelión y los mártires provocados por los tepehuanes? Pocos, tal vez.

En el trascurso de aquella trágica sublevación seis misioneros jesuitas españoles y dos mexicanos, un fraile dominico español, un fraile franciscano, doscientos colonos españoles y doscientos indios tarascos, pero también tepehuanes, todos ellos bautizados, cayeron martirizados juntamente por manos de los belicosos tepehuanes. El Padre Iraburu, uno de los mejores historiadores de la Iglesia en México, lo narra del siguiente modo:

> "El 16 de noviembre de 1616, el alzamiento se inició en Santa Catalina, donde con flechas y lanzas, mataron al Padre Tovar, mexicano de Culiacán. Al día siguiente los indios rebeldes entraron en Atotonilco (Durango), donde mataron unas doscientas personas, entre ellas al franciscano Pedro Gutiérrez. Esa misma noche cercaron Santiago Papasquiaro, donde los cristianos resistieron 17 días. Entonces, habiéndoseles ofrecido una paz simulada, salieron unos cien, el Padre Orozco al frente con la custodia. Los padres Orozco y Cisneros –españoles- que siempre misionaron juntos, murieron con los demás a golpes de lanza y macana, y sólo escaparon tres mayores y tres niños. El mismo día en Zape los tepehuanes alzados mataron a los padres Luis de Alavez, nacido en Oaxaca, y Juan del Valle, alavés de Vitoria, con 19 españoles, más 60 negros y otros criados. Y al día siguiente mataron a los padres Jerónimo Morante y Juan de Fonte, ambos españoles. El Padre Fonte se dedicó al bien de los tepehuanes los últimos dieciséis años de su vida. Cuando recuperaron el cuerpo del padre Morante, lo hallaron ceñido de áspero cilicio. Por último, con un golpe de estaca abrieron la cabeza al Padre Santarén, que misionaba a los xiximíes (...) Los indios fugitivos, ahuyentados de todas partes,

llegaron a desencantarse de las falsas esperanzas dadas por los hechiceros de sus falsos dioses. Y el Padre Andrés López, el único jesuita superviviente, consiguió que se les ofreciera la paz y el perdón... la nación tepehuana mejoró en cristiandad, y se mantuvo en paz gracias a la sangre de Cristo, vertida por sus mártires jesuitas y misioneros".[40]

Así, en aquel episodio martirial, la sangre española, la criolla y la indígena se mezclaron y corrieron juntas la misma suerte que las unió en el vínculo del martirio, como participación del Martirio primero y supremo de Jesucristo en la Cruz. De manera que los mártires de Cristo Rey del siglo veinte, quienes han dado al mundo el testimonio grandioso de su valor, de su fe en el Amor, no fueron los primeros en regar con su sangre bendita el suelo de México.

Expulsión de los sacerdotes

Si en el siglo diecisiete, allá en las abruptas serranías de Durango, fueron los tepehuanes no cristianos los causantes del martirio de aquel grupo de españoles y mexicanos, en el siglo pasado los enemigos de la Iglesia de distintas corrientes ideológicas, como masones, liberales, jacobinos y revolucionarios, pero unidos por su odio común a Cristo y a la religión católica, fueron quienes provocaron la persecución primero y el martirio después de muchos católicos y de no pocos sacerdotes mexicanos, varios de los cuales ya han sido canonizados por la Iglesia.[41]

---

[40] Cf. Iraburu José Mª, *Hechos de los apóstoles de América*, Pamplona 1999, pp. 214-216.

[41] El 21 de mayo de 2000, Juan Pablo II canonizó en Roma a 3 seglares y 22 sacerdotes mártires de la persecución religiosa en México.

En su afán de desterrar de México toda influencia espiritual de la Iglesia católica, comenzaron con la persecución y el acoso sistemático de todos los misioneros, sacerdotes y religiosos extranjeros, pero de modo particular de los españoles, para capturarlos y expulsarlos del país, bajo la absurda justificación de aplicar las "leyes de la constitución" en bien de la nación. En un periódico de la capital, de mediados de los años veinte, podía leerse el siguiente relato:

> "Por la noche, en los momentos en que varios religiosos y sacerdotes españoles, Carmelitas, del Corazón de María, Redentoristas y Misioneros diocesanos, se entregaban a sus ministerios dentro de sus respectivas iglesias, se presentaron los enviados de la Secretaría de Gobernación, y sin llevar siquiera una orden escrita de la autoridad judicial, ni ninguna otra, sacaron de los confesionarios a los sacerdotes, y tal y como estaban sin darles tiempo para sacar de sus casas ni un libro, ni un papel, ni siquiera su sombrero, tal como estaban los llevaron a los inmundos sótanos de la inspección de policía, en calidad de prisioneros, y pocas horas después a la hora de la salida del ferrocarril para Veracruz, los llevaron a la estación y los embarcaron, con centinelas de vista hacia dicho puerto, en donde se preparaba un navío para zarpar hacia España. Allí los hicieron subir a la fuerza al vapor y sin pagar más que su equipaje de tercera, hasta La Habana, y sin que los sacerdotes contaran con lo más indispensable para el viaje, obligaron al capitán del barco a que zarpase".

Y en abril de 1926 notificaba el mismo diario *Excélsior*: "ya van expulsados de esta manera más de doscientos sacerdotes". Se trataba de una nueva versión corregida e igualmente deplorable de aquélla otra expulsión de los jesuitas en el siglo dieciocho por maquinaciones de los iluminados Aranda, Pombal y demás enemigos de la Iglesia.[42]

Un importante y veraz historiador mexicano, Eugenio del Hoyo, por su parte refiere que: "Ya para el mes de abril de 1926, más de doscientos sacerdotes españoles habían sido expulsados del país de forma violenta. El 26 de marzo de 1926, la policía asaltó un convento de monjas carmelitas en la ciudad de México en el que había cerca de treinta monjas, las cuales fueron sacadas con lujo de fuerza, y hubieran sido llevadas a alguna prisión donde quizá hasta habrían sido violadas, de no ser por una persona que ofreció al jefe de la escolta cien pesos si las dejaba libres; éste aceptó, y las monjas fueron repartidas por la vecindad en casas donde pudieron esconderse, y al fin salir del país".[43]

Con estos y otros muchos episodios similares, que se repetían de norte a sur de la geografía mexicana, se iba enrareciendo el clima de persecución contra la Iglesia y sus ministros, en pleno siglo veinte. Sin embargo, algunos sacerdotes españoles lograron burlar la vigilancia y pesquisas de los esbirros gubernativos para continuar misionando entre la gente sencilla, aunque esto les costara la vida. Entre ellos estaba el Padre Andrés Solá Molist, misionero del Corazón de María.

---

[42] "Expulsados de Brasil en 1759 y de las posesiones francesas de América en 1762, los jesuitas de las colonias españolas eran objetos de muchas críticas y de acre enemistad contra ellos... Como había sucedido en otras cortes borbónicas, también en la de España, con las intrigas del primer ministro conde de Aranda, determinaron que el rey Carlos III expulsara a los jesuitas en 1767 de todos los territorios hispanos." Cf. Iraburu José Mª, *Hechos de los apóstoles de América*, Pamplona 1999, pp. 235-236.

[43] Cf. Del Hoyo Eugenio, *Historia de México*, México 1997, p. 432

11
PADRE ANDRÉS SOLÁ

Unidos por la misma sangre martirial

El Padre Andrés Solá no estaba dispuesto a abandonar en tan críticas circunstancias a sus queridos feligreses. Joven y valiente sacerdote, había venido a México con el deseo de dar su vida por Cristo en la tarea de la evangelización. Por eso había abrazado años atrás el mismo ideal misionero en la vida religiosa que impulsara a su santo fundador, San Antonio María Claret, el cual había sido obispo y misionero en Cuba durante algunos años.

Andrés Sola Molist nació el 7 de octubre de 1895 en Villarasa, municipio de Taradell en la provincia de Barcelona. Sus padres Buenaventura Solá y Antonia Molist, siendo humildes campesinos supieron transmitir al pequeño Andrés una sólida piedad cristiana. Se confesaba cada ocho días desde que hiciera su primera comunión cuando contaba los doce años. Llevaba una vida sencilla donde alternaba su asistencia a clases y las labores en el campo, para contribuir al sostén de la familia.

Un día llegó a su pueblo un misionero del Corazón Inmaculado de María. Su predicación fue tan incisiva y entusiasta, que el muchacho ya entonces de catorce años, decidió entrar como postulante en el seminario claretiano de Vic, Barcelona. Después en 1913 ingresó en el seminario de Cervera, cerca de Lérida, donde cumplió ejemplarmente su año de noviciado y profesó los votos religiosos al año siguiente. Siguió con firmeza su carrera y el 23 de septiembre de 1922 recibió la unción sacerdotal, en Segovia.

Misionero en México

Luego de prepararse para el ministerio fue destinado por los superiores a la provincia de México a donde llegó el 20 de agosto de 1923. Sabía que dejaba la patria y la familia quizá para siempre, por lo que puso todas sus dotes al servicio misionero de la Palabra de Dios. Andrés se despidió amorosamente de sus padres, de sus familiares y del terruño que no volvería a ver más.

Una vez en México, primero se desempeñó como catedrático y como predicador en la ciudad de Toluca y en numerosos pueblos de la comarca, que atendía ministerialmente. Posteriormente, en diciembre de 1924 fue enviado a León, en el centro del país, donde trabajó como misionero y predicador incansable. Allí Dios le tenía reservada la gracia de confesarle como mártir.

Cuando Plutarco Elías Calles decretó en 1925 la expulsión de todos los sacerdotes y religiosos extranjeros, especialmente españoles, el padre Andrés no aceptó la idea de verse embarcado a la fuerza en Veracruz para volver a España, sino que se escondió en casa de las señoritas Alba, en León, donde también acudían el padre José Trinidad Rangel y el joven laico Leonardo Pérez. Aunque escondidos, los dos sacerdotes se prestaban a ejercer su ministerio en la ciudad, en cuanto les era posible. En el oratorio de las dueñas celebraban la misa y guardaban el Santísimo sacramento.

Hay una carta del Padre Solá, dirigida a un antiguo compañero de estudios y de congregación, donde se refleja dicho ideal: “No recuerdo si le diría, cuando estábamos en el colegio, que tenía un gran deseo de ser martirizado. ¡Quién sabe si ahora el Señor me concederá esta gracia! Si así fuera, que acepte mi sangre por el triunfo de la Iglesia en México."

P. Andrés Solá Molist

Por espacio de dos años, el misionero español pudo ejercer su ministerio entre los fieles; cuidaba con especial esmero a los enfermos, atendía la preparación de los niños para la primera comunión, en aquella situación de catacumbas a que se había visto reducida la actuación de Iglesia en México. La buena gente de León lo apreciaba y quería de corazón al ver el celo y dedicación sacerdotal con que se daba a todos; en particular a los más pobres y necesitados, porque el Padre relegaba en un segundo plano el cuidado de su propia seguridad. Por lo mismo, y siendo conocida su identidad sacerdotal y extranjera, los esbirros del gobierno perseguidor lo buscaban con doble empeño, pero aún no había podido dar con él.

"¡Este es el cura que buscamos!"

Pero al fin, Dios le concedió la gracia que tanto anhelaba. Sucedió la mañana del 23 de abril de 1927 mientras se encontraba en su casa de León, lugar donde residía y ejercía su misión, y cuya localización conocían sólo los fieles. Debido quizás a algún descuido y siguiendo astutamente la pista, los perseguidores descubrieron al fin su escondite. Allí entraron de improviso unos agentes federales, que irrumpieron allanando la morada y sin dificultad encontraron al Padre Andrés Solá en el momento que salía del cuarto de baño, donde se estaba aseando.

- "¡Este es el cura que buscamos!" – exclamó uno de ellos.

En su oratorio particular se encontraba un joven seglar, Leonardo Pérez Larios, que rezaba delante del Santísimo Sacramento, dando gracias por la comunión recibida esa mañana. Sin más explicaciones los tomaron prisioneros y con malas maneras fueron introducidos en un coche preparado a la puerta de la casa, que los llevó al cuartel de la guarnición federal (el antiguo seminario de León). Los encerraron en la que fuera la capilla del seminario, que había quedado profanada y estaba llena de suciedad.

Al día siguiente 24 de abril, entre las cinco y siete de la tarde, los sacaron para juzgarlos ante un tribunal improvisado; interrogándoseles sobre los cargos que para el caso habían inventado. El Padre José D. Pérez narra así los hechos: "La acusación no era otra que la burda calumnia de ser ellos los asaltantes del tren de Guadalajara, y de impulsar la intervención americana. Parece que fue entonces cuando el Padre Solá, con toda entereza y santa libertad, declaró ante sus enemigos estas razones:

- Señor, séame lícito manifestar que no tengo más crimen, ni sé que haya cometido otro, que el de haber cumplido mi deber de misionero. Sepan, pues, ustedes que tanto por eso como por ser extranjero no me pueden fusilar.

"A esto contestó el improvisado juez enojado y con menosprecio":

- También para los extranjeros tenemos balas.

"En seguida el general Sánchez envió a la Secretaría de Guerra un mensaje oficial en estos términos: *Acabo de aprehender tres cabecillas asalto tren Gral. Amarillas, y tres curiosos*. El gral. Joaquín Amaro[44] respondió luego: *Llévenseles lugar descarrilamiento, fusílese a los tres, y a los curiosos escarmiénteseles y déseles libres*".[45]

En un charco de alquitrán

De inmediato los condujeron aquella misma tarde hasta la vecina población de Lagos de Moreno. El lunes 25 por la mañana reanudaron el viaje hasta Encarnación de Díaz, donde se encontraba el cuartel militar del general federal Amarillas, jefe de armas de la región. Sin atender explicaciones, ni defensa alguna del Padre Solá para que dejaran en libertad al joven Pérez Larios, pues no era sacerdote, el arrogante militar dio órdenes a un pelotón de soldados de que los condujera hacia a un paraje donde se había verificado pocos días antes el descarrilamiento de un tren militar, y se les fusilara inmediatamente.

Unieron al grupo al sacerdote José Trinidad Rangel, vicario de la parroquia de Silao, y que poco antes también había tenido la desgracia de caer en las garras de aquellos sujetos sin Dios y sin conciencia.

[44] El Gral. Amaro era el secretario de defensa y jefe del ejército federal, durante el gobierno de Plutarco E. Calles.
[45] Cf. Pérez Dolores José, *León Cristero*, p. 36

- ¡Qué bien, tenemos nada menos que tres peces gordos caídos en la misma redada, tres cochinos curas! ¡Esta misma mañana me los fusilan sin más averiguaciones, conforme a las órdenes cursadas por el Gral. Amaro!

El tren militar partió deshaciendo una porción del camino andado hacia Lagos, mientras los prisioneros luchaban entre el temor y la esperanza, pensando en el fin cercano. Aunque lo temían con el miedo natural que inspira la muerte, trataban de darse ánimos y se decían unos a otros: "si nos van a fusilar, gritaremos ¡Viva Cristo Rey!"[46]

Al llegar al km. 491 entre las estaciones de Mira y Salas, el tren detuvo la marcha. Era ese el lugar preciso del descarrilamiento del tren del Gral. Amarillas, ocurrido unos días antes. Un lugar despoblado –entonces–, de agreste paisaje, perteneciente al Rancho de San Joaquín y teatro de un combate entablado allí entre los cristeros y tropas federales, resultando victoriosos los primeros.

Bajaron a los tres prisioneros destinados al martirio, quienes iban custodiados por un piquete de diez soldados al mando del oficial, y descendieron por una hondonada. Al llegar al fondo dan con unos charcos de chapopote, donde se detienen los soldados y empuñan sus rifles. El oficial manda a los prisioneros que den espaldas al pelotón.

Los que van a ser fusilados encomiendan su alma a Dios, después de absolverse los dos sacerdotes y de absolver a Leonardo. Se colocan en cruz mientras aguardan el instante fatal que les abrirá el camino de la gloria eterna. Dejemos nuevamente que sea la plu-

[46] Idem, p. 37

ma del notable historiador de la Cristiada en León, Padre José D. Pérez, quien se encargue de narrar estos últimos intensos momentos de los tres mártires:

> La detonación que produce la descarga cerrada y cuyo eco fatídico repite la hondonada, avisa a los jóvenes que habían quedado arriba, la sentencia de muerte se había cumplido en sus compañeros. Uno de ellos al oírla, se puso en pie, y alcanzó a ver que caía el Padre Solá, se sentó temblando y sobrecogido por la emoción no pudo ver ya lo que pasaba. Siguieron los tiros de gracia. El Padre Rangel y Leonardo Pérez murieron en el acto, en tanto que el Padre Solá, aún con vida, se revolcaba en el charco de chapopote. Los soldados como suelen hacerlo, despojan a las víctimas de todo y vuelven al tren... Al romper el tren la marcha, el oficial de la escolta ordenó a una cuadrilla de trabajadores ferroviarios: *quemen esos cuerpos*. Eran los ocho y cincuenta y dos minutos de la mañana.[47]

Y así, aquella primaveral mañana del 25 de abril de 1927, el ruido seco de una descarga de fusilería los hizo caer por tierra. Serenos y con una última plegaria en sus labios, pidiendo a Dios por la salvación de México, murieron aquellos tres nuevos mártires de Cristo. La sangre del misionero español y de los dos mexicanos: el sacerdote y el seglar inocentes, unidas en el mismo sacrificio fue otro holocausto supremo de la hispanidad católica a Cristo Rey. No sería la única ni la última ocasión que tal sucediera.

---

[47] Cf. Pérez D. José, *León Cristero*, p. 37- 38

¡Viva Cristo Rey!

Consumado el asesinato, los soldados se alejaron del lugar del delito para regresar al cuartel, a tomar un "merecido" desayuno, pues las órdenes habían sido que actuaran rápido para evitar los testigos molestos. Pero según se ha referido, el Padre Andrés Solá no había muerto en el acto como sus dos compañeros. Tendido junto a la vía del ferrocarril, incapacitado para moverse, en medio de un charco de alquitrán, se desangraba lentamente. El fuerte sol matutino vino a aumentar su agonía, calentando la tierra y el chapopote donde estaba caído el mártir, produciéndole dolores inenarrables y una sed espantosa, como la de Cristo Rey en la Cruz.

- ¡Agua! ¡agua! Por piedad ¡tengo sed! – exclamó.

Sólo el centinela que habían dejado los esbirros para impedir que algún curioso se acercara para ver los cadáveres, pudo oírle. Pero el infeliz obrero no tenía agua al alcance que darle, y llena su alma de amargura por el respeto al sacerdote, tampoco quiso ejecutar la brutal orden de quemar los cuerpos, como les había intimado el oficial. La agonía del Padre Solá fue terrible, pues sobrevivió todavía dos horas medio sumergido en aquel inmundo charco de alquitrán. El Padre se moría desangrado entre los espasmos del tormento de la sed, y no había un sorbo de agua para calmar su agonía.

Haciendo un supremo esfuerzo, asiéndose a unas ramas de huizache, el misionero logró salir del charco. Ayudado entonces por uno de los peones se recostó sobre la hierba y reclinó la cabeza sobre un tronco mientras exhalaba su alma. Entonces, tomando las últimas fuerzas que le quedaban, alcanzó el centinela a escuchar que el mártir pronunciaba:

- ¡Por México, Señor!... ¡por la salvación de México! Madre Santísima de Guadalupe... salva a México. ¡Jesús perdóname! ¡Jesús muero por tu causa! ¡Viva Cristo Rey!

Así, aquellos testigos involuntarios de la muerte de los tres mártires fueron también quienes alcanzaron a escuchar las últimas palabras del misionero claretiano: "¡Viva Cristo Rey!". Sagradas palabras repetidas cientos y miles de veces; gritadas a pleno pulmón varonil, por los campos, los bosques y las serranías de la Patria mientras se perseguía a Cristo en sus fieles y en su Iglesia. Eran las doce de la mañana cuando su alma mártir purificada con su generosa sangre, voló a la gloria eterna.

El nombre de este insigne mártir y misionero español, Padre Andrés Solá Molist, figurará para siempre en los anales de la gloriosa historia mexicana, santificada con la sangre de sus numerosos mártires de Cristo Rey. El Padre Solá fue beatificado junto con otros 12 mártires mexicanos, el 20 de noviembre de 2005 en Guadalajara.

"¡Ya vienen los mártires!"

En lugar de actuar la salvaje orden de quemar los cadáveres, los respetuosos obreros cavaron tres sepulturas y en ellas los depositaron, colocando sendos acervos de piedra; pues las fieras del campo, como pudieron notarlo los campesinos, habrían escarbado para comerse los cuerpos. Después el señor Manuel Pérez, hermano de Leonardo, obtuvo de las autoridades el permiso para trasladar los cadáveres al cementerio de Lagos de Moreno, lugar de nacimiento de su hermano mártir y por ser también la población más cercana al lugar del martirio.

Llegó una comitiva al lugar de los fusilamientos, los sacaron de sus fosas, pusieron los cadáveres envueltos en sábanas limpias y dentro de sendas cajas, y colocándolos sobre un armón de la vía férrea los llevaron hasta la estación del ferrocarril de Lagos, en Jalisco.

Desde la estación los condujeron después en un carro de mulas al cementerio municipal. Una turba de chiquillos corría al encuentro del cortejo fúnebre y lo acompañaba por las calles de la población. Los católicos del lugar al darse cuenta de lo ocurrido, corrieron la voz, y al grito de *"¡ya vienen los mártires!"*, salían las gentes a la calle entusiasmadas y profundamente conmovidas, formando un numeroso cortejo en torno a los mártires de Cristo.

Muchos se acercaban para verlos y tocar en sus venerables despojos sus rosarios y otros objetos piadosos, sin que faltara quienes cortasen partecitas de ropa para guardarlas como reliquias. De nada sirvieron las amenazas de los esbirros del gobierno que habían sido enviados para impedirlo, y contener el desbordante entusiasmo de los católicos.[48]

Los mártires morían aclamando ¡Viva Cristo Rey!, ¡Viva Santa María de Guadalupe! En el corazón geográfico de México, en la cima de un antiguo volcán apagado, El Cubilete, se yergue el monumento nacional a Cristo Rey. Ciertamente Cristo está en el corazón geográfico de la nación, pero Él se complace mucho más en habitar los corazones de sus hijos. Tracemos ahora unas breves líneas de historia acerca del monumento nacional a Cristo Rey, tan ligado a la reciente historia del país y en especial a la epopeya de nuestros mártires.

---

[48] Idem, p. 39

LA SANTA MONTAÑA

En la cima de la montaña El Cubilete, que le sirve de pedestal, se levanta solemne y majestuosa la estatua de Cristo Rey bendiciendo a la nación y a todos los que llegan de lejos o de las cercanías a su santuario. Cristo Rey se alza en el corazón geográfico de México, a 2660 metros de altura sobre el nivel del mar, pero quiere reinar también en el corazón de todos los hombres, pues ese es su lugar preferido.

Al pie de la Santa Montaña, que está muy cerca de Silao en el estado de Guanajuato, Cristo Rey contempló desde su altura el martirio de aquellos hijos suyos, que durante los años de la persecución lo confesaron hasta la última gota de su sangre generosa y hasta el postrer aliento de sus pulmones para aclamarlo como Rey universal: ¡Viva Cristo Rey!

Cristo Rey en el cerro El Cubilete (Guanajuato), a 2660 m. de altura

La historia del monumento edificado a Cristo Rey, en el corazón geográfico de México, es hermosa y heroica, porque forma también parte de la epopeya cristera. El 11 de febrero de 1923 el delegado apostólico, Monseñor Ernesto Filippi, acompañado del obispo de León, Monseñor Emeterio Valverde Téllez, y de otras autoridades y ante 50,000 peregrinos, bendijo la primera piedra de construcción del monumento.

Este hecho le mereció a continuación la expulsión del país por orden alevosa del entonces presidente Álvaro Obregón. Fue un acto completamente arbitrario y sin ninguna otra justificación más que el poder de la tiranía, como era la praxis de los gobernantes de la época.

Poco años más tarde, en plena persecución religiosa, el presidente Plutarco Elías Calles decretó arteramente que la estatua del Sagrado Corazón hecha de cantera, fuese dinamitada. La sentencia se ejecutó el 20 de enero de 1928 por manos de varios soldados al mando de un cierto general Carrillo.

> Al explotar la dinamita y al fragor del trueno se levantaron voces blasfemas de mofas, procaces insultos, desafíos cobardes, como en torno de la agonizante Víctima del Calvario pendiente en la cruz. El eco del torbellino que estremeció a la montaña se fue repitiendo en las ondulaciones de las cañadas... La indignación del pueblo no tuvo límite y pudo verse a mucha gente armada llevando en sus sombreros imágenes y medallas con las iniciales del pregón libertador: ¡Viva Cristo Rey![49]

[49] Cf. Pérez José D., o.c., p. 82

La Montaña se convirtió en tierra santa y meta de peregrinación incesante. Cuando años más tarde el país se pacificó; finalmente se pudo levantar el grandioso monumento –el tercero y definitivo– a Cristo Rey universal, por cuya causa los labios de los mártires proclamaban antes de ser fusilados o ahorcados: ¡Viva Cristo Rey!"

Esta epopeya le ha dado a México la mayoría de su santoral, desde el beato P. Miguel Agustín Pro, S.J., fusilado en 1927, y Monseñor Rafael Guizar y Valencia, obispo de Veracruz (aunque él no murió durante la Cristiada, sino en 1938, sin embargo no se había atenuado la persecución religiosa), los primeros 25 mártires canonizados en mayo de 2000 por Juan Pablo II, hasta los trece nuevos beatos proclamados por orden de Benedicto XVI, el 20 de noviembre de 2005 –domingo de Cristo Rey– en Guadalajara, entre los cuales hay tres sacerdotes y diez seglares.

En el corazón de México

El Cubiliete es ahora uno de los sitios religiosos más frecuentados en el país no sólo por los peregrinos guanajuatenses, que se distinguen por su piedad religiosa, sino por peregrinaciones de carácter nacional, todas ellas multitudinarias. Para este objeto, al pie de la gigantesca estatua de Cristo Rey, como base de la misma, se encuentra la moderna basílica en forma de globo terráqueo. El Santuario tiene capacidad para alojar a un nutrido número de peregrinos que ascienden a la montaña durante todo el año, pero en particular para la fiesta de Cristo Rey.

La simbología representada en las estatuas de Cristo y los dos ángeles que reposan sobre un hemisferio de concreto simboliza al universo, con sus meridianos y paralelos terrestres. Esta semiesfera descansa a su vez sobre ocho columnas de acero y hormigón que representan a las ocho provincias eclesiásticas que había en México, cuando se levantó el monumento. Los ángeles arrodillados a los pies del divino Monarca, le ofrecen las dos coronas: la del martirio (corona de espinas) y de la gloria (corona regia).

La escultura hecha con cemento y acero mide 20 m. de altura, pesa 80 toneladas y está localizada en la cima del cerro El Cubilete, a 2,660 metros de altura, al cual se llega por medio de un camino empedrado que asciende como espiral por la montaña hasta llegar a una amplia explanada superior, que funciona también como mirador y estacionamiento para los coches. El recorrido sigue una pronunciada pendiente y atraviesa algunas curvas practicables pero cerradas, por lo que es recomendable conducir con velocidad moderada.

En el interior del Santuario que está construido en forma circular, bajo los pies del Cristo, se contienen varias piezas de arte, entra las cuales destaca una custodia en metal precioso, de gran tamaño y que fue fabricada precisamente para este santuario. En la custodia se encuentra la Sagrada Hostia expuesta de modo permanente para la adoración de los fieles.

Que Cristo, Rey de la paz, reine en todo el mundo

La fiesta de Cristo Rey fue instaurada por el Papa Pío XI el 11 de Marzo de 1925. El Papa quiso motivar a todos los católicos a reconocer públicamente que el centro y corazón de sus vidas y de la Iglesia es Cristo Rey. Con la fiesta de Cristo Rey celebramos y pedimos que Cristo empiece a reinar en nuestros corazones en el momento en que nosotros se lo permitamos, y así el Reino de Dios puede hacerse presente en nuestra vida. De esta forma vamos instaurando desde ahora el Reino de Cristo en nosotros mismos y en nuestros hogares, empresas y ambiente social.

El 23 de junio de 2006, los obispos mexicanos dirigidos por el entonces Presidente de la Conferencia Episcopal y obispo de León, Mons. José Guadalupe Martín Rábago, junto con un nutrido grupo de sacerdotes y miles de fieles renovaron la consagración de la nación mexicana al Sagrado Corazón de Jesús, en el santuario nacional de El Cubilete. La consagración oficial ya había sido proclamada el 11 de octubre de 1924, durante el Primer Congreso Eucarístico Nacional, por los obispos mexicanos en pleno en la Catedral Metropolitana de la Ciudad de México, justamente cuando iniciaba el período más violento de la persecución religiosa en el país.

En la fórmula de consagración se encomendó al Sagrado Corazón «esta Patria querida: a los gobernantes, para que trabajen siempre por el bien común; a las familias, para que forjen en las virtudes humanas y cristianas el corazón de las nuevas generaciones; a los indígenas y campesinos, obreros e inmigrantes, para que alcancen un mejor nivel de vida y un pleno respeto de su dignidad y sus derechos». En el acto, se encomendó entre otros a «los legisladores y a los profesionales de la salud, para que respeten y defiendan la vida desde su inicio en el seno materno hasta su conclusión natural; a los que se dedican a la educación, la cultura, el arte y los medios de comunicación social, para que contribuyan a un mejor y más armónico desarrollo de la sociedad difundiendo valores auténticos».

La piedad popular compuso también un hermoso Himno a Cristo Rey:

Himno a Cristo Rey

"QUE VIVA MI CRISTO"
Que viva mi Cristo, que viva mi Rey
que impere doquiera triunfante su ley,
que impere doquiera triunfante su ley.
¡Viva Cristo Rey! ¡Viva Cristo Rey!

Mexicanos un Padre tenemos
que nos dio de la patria la unión
a ese Padre gozosos cantemos,
empuñando con fe su pendón.

Él formó con voz hacedora
cuanto existe debajo del sol;
de la inercia y la nada incolora
formó luz en candente arrebol.

Nuestra Patria, la Patria querida,
que arrulló nuestra cuna al nacer
a Él le debe cuanto es en la vida
sobretodo el que sepa creer.

Del Anáhuac inculto y sangriento,
en arranque sublime de amor,
formó un pueblo, al calor de su aliento
que lo aclama con fe y con valor.

Su realeza proclame doquiera
este pueblo que en el Tepeyac,
tiene enhiesta su blanca bandera,
a sus padres la rica heredad.

Es vano que cruel enemigo
Nuestro Cristo pretenda humillar.
De este Rey llevarán el castigo
Los que intenten su nombre ultrajar.

12

PADRE JOSÉ TRINIDAD RANGEL [50]

LOS OTROS MÁRTIRES DE SAN JOAQUÍN

El Padre José Trinidad Rangel Montano nació el 4 de junio de 1887 en el rancho llamado *El Durazno*, del distrito de Dolores Hidalgo, diócesis de León, Guanajuato. Sus padres fueron J. Eduviges Rangel e Higinia Montano, personas sencillas pero ricas de fe. Desde niño le gustaba participar en la santa misa y en las diversas funciones religiosas. Al cumplir los siete años hizo su primera comunión junto con otros niños de la comunidad. Su niñez trascurrió en un ambiente de pobreza y trabajo, pero señalado por una unidad familiar entrañable.

Pasó el tiempo y a los catorce años expresó a sus padres el deseo de entrar al seminario porque no ocultaba sus inquietudes de llegar algún día a la meta del sacerdocio. Sin embargo, por razones de extrema pobreza en que vivían tuvo que quedarse al lado de su padre para trabajar. No obstante, José Trinidad no descartó su deseo ni perdió la esperanza de cumplirlo.

Finalmente, a los veinte años pudo concretar su sueño y fue admitido en el seminario diocesano de León. Era un muchacho maduro, mayor que la mayoría de sus compañeros y sabía bien

---

[50] Los datos están tomados de Munari Tiberio, *Derramaron su sangre por Cristo*, ed. Javerianas, Guadalajara 2005 y de Pérez D. José, o.c.

lo que quería. Como seminarista se distinguió de modo particular en la piedad y en la disciplina, y aunque le costaban los estudios su aplicación también fue meritoria. Delante de los compañeros y formadores del seminario, el joven José Trinidad sobresalía en las virtudes de la humildad, la caridad y la obediencia. Tenía muy claro su ideal sacerdotal, por el que había realizado tantos sacrificios.

Durante la revolución carrancista (1914-1917), León y la zona del Bajío fueron escenario de varios combates sangrientos y de las correrías de tropas *villistas* y *carrancistas*, estas últimas al mando del general Obregón, que luchaban ferozmente entre sí. Pasaban por las poblaciones y las saqueaban, dejaban muchos muertos a su paso y cubrían de luto los humildes hogares de la gente. Finalmente las fuerzas carrancistas prevalecieron sobre los villistas. Más tarde ocuparon el seminario de León, transformándolo en cuartel militar, y los seminaristas no tuvieron más remedio que dispersarse.

Entonces José Trinidad tuvo la oportunidad de ir a Estados Unidos, en donde pudo continuar sus estudios. Aunque varias personas intentaron desanimarlo por los muchos peligros que los sacerdotes mexicanos estaban pasando, sin embargo, él fue constante en seguir su vocación sacerdotal, arguyendo siempre: "Si Dios quiere que muera en manos de ellos, moriré aún cuando no sea sacerdote, de modo que eso no es obstáculo".

Ministerio sacerdotal

Cuando parecía que las cosas se había apaciguado un poco, regresó del país del Norte para continuar su preparación en el seminario y por fin pudo ordenarse de sacerdote el 20 de abril de 1919 por manos del obispo de León, monseñor Emeterio Valverde Téllez. Desempeñó el oficio de vicario en varias parroquias y en 1922 fue nombrado párroco de Jaripitío y después vicario de Silao, población que se refugia a los pies de El Cubilete, la santa Montaña de Cristo Rey.

Desde Silao el Padre Rangel iba a las rancherías cercanas a predicar, confesar y celebrar la misa. Perteneció al Centro Diocesano Misionero "San Juan Bautista de la Salle" que reunía a sacerdotes jóvenes dispuestos a desplazarse con prontitud a cualquier lugar de la diócesis donde el obispo consideraba más urgente su labor sacerdotal. Eran los incondicionales del obispo en aquellos tiempos difíciles.

Si de seminarista José Trinidad era ejemplar, de sacerdote, según la gente que le conoció, se comportaba como un santo. Sus virtudes brillaban a los ojos de los fieles que lo respetaban con gran admiración; su celo por la salvación de las almas fue excepcional. Cuando fue cura de Jaripitío, el lugar donde ordinariamente lo encontraban sus feligreses era en la iglesia, al pie del sagrario. Se distinguía también por su especial devoción a la Santísima Virgen María. Era un sacerdote ejemplar.

P. José Trinidad Rangel

"Esperemos a ver si se arregla esto pronto"

La situación empeoraba en México. El presidente Plutarco E. Calles decretó la expulsión de todos los sacerdotes y religiosos extranjeros en 1925, especialmente los españoles, y entonces el Padre Rangel quedó como encargado del templo del Perdón de la ciudad de Silao, hasta febrero de 1927. En su afán de oprimir más a la Iglesia, el 8 de febrero de 1927 el Gobierno publicó la orden de que todo sacerdote se presentara el día 10 a las autoridades municipales, so pena de ser considerados como rebeldes.

Obedeciendo el mandato de sus superiores y temiendo lo peor, el Padre Rangel no se presentó, sino que marchó a la vecina León y encontró refugio en casa de dos damas cristianas, Josefa y Jobita Alba, en el centro de la ciudad. Allí encontró al padre Andrés Solá, religioso claretiano español que también se había hospedado en esa casa, después de que el Gobierno había dado la orden de expulsión para los sacerdotes extranjeros. Otro visitante asiduo era el joven Leonardo Pérez, un laico comprometido en varias actividades religiosas.

Entre los tres se estrechó una cálida amistad fraterna. Allí los dos sacerdotes celebraban la misa para los fieles, administraban los sacramentos, platicaban y rezaban juntos. El padre Rangel, de carácter humilde y silencioso, hacía un curioso contraste con el Padre Solá, de natural abierto y fogoso. Con gusto se ponía a sus órdenes, llamándolo "mi Cura". Durante este tiempo lo visitó varias veces su hermano Agustín Rangel, proponiéndole salir del país; pero el padre Trinidad le respondía: "Esperemos a ver si se arregla esto pronto".

"Aunque me muera, cumpliré mi deber"

Durante la Semana Santa del año 1927 las Religiosas Mínimas, de la vecina población de San Francisco del Rincón, necesitaban un sacerdote para los Oficios del Triduo Pastoral. El superior le manifestó este deseo al Padre Rangel, quien lo tomó como voluntad de Dios, y sin titubear partió hacia San Francisco del Rincón. Aquello resultaba muy peligroso porque el lugar era un centro importante de los cristeros a quienes combatía el Gobierno. La señorita Josefina Alba intervino para que se impidiera la ida al padre Rangel, pero él no aceptó, diciendo: "Aunque me muera, ante todo está el cumplimiento del deber".

El 22 de abril se presentaron unos soldados para registrar la casa en donde el Padre Rangel estaba hospedado, y encontraron al sacerdote en su cuarto. Guardando la calma, él mismo se prestó para que revisaran los armarios sin que al principio lo reconocieran, aunque, por la modestia y su porte humilde, empezaron a sospechar que fuera sacerdote. "¿Ése es un cura?", le preguntaron a la dueña de la casa. Como ella lo negaba, el jefe dijo: "Se le ve en la cara que lo es". Y se lo llevaron ante el general Daniel Sánchez, quien lo insultó vulgarmente. Entonces, el Padre Rangel no ocultó más su identidad.

Dos días después, ante un tribunal improvisado, compareció el Padre Rangel junto al Padre Andrés Solá y el laico Leonardo Pérez, falsamente acusados los tres de haber tenido parte en el descarrilamiento del tren militar de Guadalajara. Se trataba simplemente de una excusa, de un falso pretexto para matarlos, por lo que todas las intervenciones de algunas señoras de la alta sociedad de León resultaron vanas ante el general Sánchez en favor de los sacerdotes.

Ya había enviado Sánchez un mensaje a México, al general Amaro, ministro de la guerra, con estas alevosas palabras: "Acabo de aprehender tres cabecillas asalto tren Guadalajara". Amaro respondió de inmediato: "Lléveseles lugar descarrilamiento y fusílese a los tres".

Con una escolta de soldados, los presos fueron llevados en tren hasta el kilómetro 491, entre las estaciones de Mira y Los Salas, en un sitio completamente despoblado, llamado Rancho de San

Joaquín. Descendieron del tren, bajaron a la hondonada y, al llegar al fondo, los pusieron de espaldas a los soldados. Los dos sacerdotes se absolvieron mutuamente y uno de ellos absolvió a Leonardo. Puestos con los brazos en cruz, recibieron la descarga de fusilería, cuyo eco resonó lúgubremente en todo el valle. Era el 25 de abril de 1927.

La madre del Padre José Trinidad Rangel, admirable mujer mexicana y católica, mostró una entereza de ánimo ejemplar y una muy digna conducta cristiana, cuando supo la triste noticia del martirio de su hijo sacerdote. Entonces exclamó:

- "¡Dios me lo dio, Dios me lo quitó! Hágase su santísima voluntad. ¡Antes mártir, que apóstata!".

¿No son estas madres ejemplares quienes conservan la fe y los valores en México, bajo la protección amorosa de Santa María de Guadalupe? Sin duda alguna.

13

LEONARDO PÉREZ LARIOS[51]

Un laico mártir entre dos sacerdotes

Muy oportuna es una observación del Padre Munari, a propósito de estos tres mártires ya beatificados por la Iglesia el 20 de noviembre de 2005, en Guadalajara: "Es significativo que en el grupo de los mártires de San Joaquín, estén representados los tres órdenes que forman la Iglesia católica: el clero diocesano, la vida consagrada y el laicado católico. En efecto, el padre José Trinidad Rangel pertenecía al clero diocesano de León; el padre Andrés Sola, a la vida consagrada y Leonardo Pérez al laicado". El beato Leonardo Pérez es un digno representante del laico católico. Veamos los pormenores acerca de su vida.

Leonardo nació en Lagos de Moreno, Jalisco, el 28 de noviembre de 1889. Sus padres se llamaban Isaac Pérez y Tecla Larios, quienes formaron un hogar católico con varios hijos. Leonardo recibió el bautismo el 6 de diciembre del mismo año y años más tarde la primera comunión. Desde temprana edad se destacó como un muchacho serio, piadoso, obediente a sus padres, ocupándose en el trabajo de su rancho y dedicándose años más tarde al comercio como empleado de un conocido establecimiento en León, donde se había radicado para probar mejor fortuna.

---

[51] Información obtenida en la obra del Padre José D. Pérez, *León Cristero*. También consultar el ya citado *Derramaron su sangre por Cristo*, del misionero javeriano Padre Tiberio Munari.

Desde joven mostró un carácter profundamente religioso, pues frecuentaba con regularidad los sacramentos y era especialmente muy devoto de la Santísima Virgen, a quien gustaba venerar bajo su título de Inmaculada Concepción. Ante una imagen suya, en el rancho Saucillo, propiedad de sus padres, le gustaba rezar con gran fervor especialmente durante el mes de mayo.

De muchacho Leonardo también se sintió atraído por la vida religiosa y por eso se asoció a una devota institución que tenía como finalidad preparar vocaciones juveniles a la vida consagrada. Perteneció a este grupo por diez años, distinguiéndose además por su devoción al Santísimo Sacramento.

Un testigo de aquel tiempo, que convivió con Leonardo declaró: "Era el más fervoroso, el más servicial y obediente; siempre que teníamos la Adoración Nocturna, escogía la hora más pesada de la noche, y algunas veces que éramos pocos, suplía a las horas de los demás, a pesar de estar cansado por haber trabajado todo el día".[52]

Leonardo Pérez Larios

---

[52] Cf. Comisión Diocesana Mexicana de Causas de Canonización

Deseo del martirio

Su vida interior y la amistad que cultivaba con Cristo, iba disponiendo su alma generosa para sacrificios más grandes. A pesar de las muchas dificultades y de las tensiones sociales, Leonardo se mostraba en su rostro siempre alegre y sereno, de modo que quienes le conocieron nunca le vieron enojado o malhumorado, y esto a pesar de las pretensiones y caprichos de los clientes en la tienda o las exigencias del patrón, quien, a pesar de no ser muy practicante, estimaba a su joven empleado, al grado de exclamar un día: "Si hay cielo, Leonardo lo tiene". Por su parte Leonardo aspiraba ya al martirio, y alguna vez expresó este deseo en voz alta, estando en la casa donde residía, en León.

- ¡Qué fácil está ganarse el cielo en nuestros tiempos! Si Dios me escogiera para mártir, yo estoy listo.

Refiere el Padre José Dolores Pérez, cronista de la persecución religiosa en León y autor del citado libro *León Cristero*, que en febrero de 1927 el ministro de la Defensa Nacional, general Joaquín Amaro, por un desaire que le había hecho la sociedad leonesa al visitar esa ciudad, se vengó enviándole como jefe de la guarnición de la plaza, el general de brigada Daniel Sánchez, conocido como un militar duro e inflexible, especialmente enemigo del clero. Con gran descaro dijo el general Sánchez un día al Padre José D. Pérez, quien había caído en sus manos, pero no podía mandar a fusilar: "De siete curas que he cogido, usted es el primero que se me escapa".[53]

[53] Cf. Pérez D. José, o.c., p. 60

El mismo Padre Pérez escribe:

> "Bajo la saña y furor de tal verdugo la sociedad leonesa hubo de verse vejada por el espacio de más de un año, hiriéndola en sus más caros sentimientos religiosos. La táctica de ese militar era hacer llevar a su presencia a cuantas mujeres que vestían de negro y transitaban por las calles, pues decía, que tal porte era una muda protesta por la actitud legal del Gobierno para el clero rebelde; sacando de ahí buen partido por las multas que les imponía como pena de tal "delito", después de maltratarlas con su soez vocabulario. Dueño y señor de la situación, el general Sánchez se hizo también dueño de vidas, multiplicando los asesinatos de sacerdotes y de católicos. Dentro de su cuartel que era la casa del seminario diocesano, estaba el paredón de los fusilamientos que yo vi con mis propios ojos".[54]

"Sacerdote no lo soy; pero católico, sí"

Entre esos católicos seglares, que fueron víctimas del odio anticlerical del general Sánchez, se cuenta el beato Leonardo Pérez, quien es ya una de las figuras más destacadas del catolicismo leonés. Por prudencia tuvo que esconderse en la casa de las señoritas Josefa y Jobita Alba, en el centro de la ciudad. Allá se encontró con dos sacerdotes, el Padre Andrés Solá, claretiano español, y el Padre José Trinidad Rangel, diocesano. Compartió con ellos el claustro que tanto había soñado, ayudando en las misas de los dos sacerdotes y pasando muchas horas en el oratorio privado, en adoración al Santísimo Sacramento.

---

[54] Idem

El domingo 24 de abril de 1927 por la mañana, después de haber comulgado en la santa Misa, mientras Leonardo estaba todavía en el oratorio en acción de gracias, entraron por sorpresa unos policías para catear el domicilio de las señoritas Alba, en busca de los sacerdotes. Entrando al oratorio, los esbirros creyeron que Leonardo era otro sacerdote y sin más averiguaciones lo aprehendieron a pesar que les dijera: "Sacerdote no lo soy; pero católico, apostólico y romano, eso sí".

Sin hacer más consideraciones condujeron a los tres al antiguo seminario diocesano, convertido en cuartel general de las fuerzas del Gobierno. Allá fueron encerrados dentro del recinto de la capilla con otros presos. El mismo domingo, 24 de abril, Leonardo, el sacerdote diocesano José T. Rangel y el claretiano Padre Solá fueron juzgados y condenados al fusilamiento, que se verificó en el Rancho de San Joaquín, la mañana del 25 de abril de 1927. Como hemos narrado antes, los cuerpos de los tres mártires de Cristo fueron enterrados en sendas fosas, por una cuadrilla de trabajadores ferroviarios.

Marcha triunfal

El señor Manuel Pérez, hermano de Leonardo, obtuvo permiso de las autoridades para trasladar los cadáveres al panteón de Lagos de Moreno que era la población más cercana al lugar. El día 1° de mayo, a los cinco días de su martirio, los cuerpos fueron exhumados y puestos en tres cajas distintas, regaladas generosamente por la señora Candelaria viuda de Cuellar, natural de Silao. El convoy llegó hacia la una de la tarde a la estación de Lagos. De allí, en un carro de mulas, los santos mártires fueron llevados al panteón municipal.

A su entrada en Lagos, como reguero de pólvora corrió la voz: "¡Ya vienen los mártires!", y mucha gente salió al encuentro, entusiasmada y profundamente conmovida, acompañando el cortejo, rezando y cantando himnos a Cristo Rey y a la Virgen de Guadalupe. Más que un cortejo fúnebre, aquella era una marcha triunfal. Los devotos se acercaban con reverencia para tocar a los mártires con sus rosarios y objetos religiosos, para guardarlos como reliquias, sin que los guardias del orden, enviados por el Gobierno, pudieran impedirlo.

Una humilde cruz de madera, en medio del paisaje, señala el lugar donde ocurrió el martirio de tantos héroes desconocidos

EPÍLOGO

Hace unos pocos años me encontraba de paso en la hermosa y antigua ciudad de Padua, al norte de Italia, y al igual que miles de personas acudí peregrino a la grandiosa basílica de San Antonio, con la intención de celebrar la misa. Para mi fortuna, me indicaron que podía concelebrar en la misa central del mediodía. A continuación, en la sacristía mientras nos revestíamos con los ornamentos, un sacerdote italiano de aproximadamente setenta años me preguntó sobre mi procedencia y al oír que era mexicano exclamó con entusiasmo: "de México, ¡tierra de mártires y de la Virgen de Guadalupe! Recuerdo que durante los años de mi seminario nos leían las historias de los mártires mexicanos, y recuerdo en especial la del Padre Agustín Pro. ¡Cuánto heroísmo y valentía! Por eso en tu país se conserva tan viva la fe."

Me asombró escuchar en aquel lugar un elogio así sobre nuestros mártires mexicanos, y ver con satisfacción que sí eran conocidos en otras latitudes. En mayo de 2000, en Roma, yo había tenido el privilegio de participar en la emocionante ceremonia de canonización del primer grupo de nuestros mártires (22 sacerdotes y 3 seglares), llevada a cabo por el Papa Juan Pablo II. Si en otros lugares se hablaba con veneración de ellos, ¿Por qué en México y en los países de habla hispana habrían de ser menos conocidos?

Desde entonces me invadió el pensamiento y el deseo de dar a conocer más a estos *héroes sin gloria*, anónimos o famosos como el Padre Pro, porque en México son todavía muy poco conocidos, y eso que forman parte de su pasado glorioso aún reciente. Se trata de héroes y mártires cuyas gestas han de ser proclamadas, para que no se olvide su memoria[55] y para que las nuevas generaciones sepan quiénes somos y de dónde venimos como nación católica; es decir, que los valores genuinos de una sociedad se conservan y transmiten gracias a la fidelidad y generosidad de nuestros mayores y antepasados.

Las historias aquí narradas acerca de estas mujeres y muchachas, de algunos sacerdotes y seglares mártires de nuestro tiempo, *héroes desconocidos,* quieren contribuir a la honra y difusión de su memoria. En el caso específico de la presente obra ésta sale a la luz como un homenaje a la Mujer Mexicana de todas las edades, razas y condición social. Porque en la providencia de Dios la mujer –madre, esposa, hermana– es la guardiana y transmisora principal de los valores humanos en la familia, que dan consistencia a una sociedad.

No ha tocado vivir en una época de cambios veloces donde todo parece correr vertiginosamente. Pero es también un tiempo de grandes retos, pues no faltan las amenazas contra la vida, la familia y también contra la fe cristiana, que encierra la verdad más profunda sobre el hombre y su destino eterno. Pienso en los jóvenes, a quienes compete afrontar los grandes retos del presente para construir el futuro y con él también el legado de valores que dejarán a sus hijos. Que la memoria y testimonio de estos héroes y mártires pueda contribuir a tan noble empeño. Es mi mejor augurio.

---

[55] "Un signo perenne, pero hoy particularmente significativo, de la verdad del amor cristiano es la memoria de los mártires. ¡Que no se olvide su testimonio! Ellos son los que han anunciado el Evangelio dando su vida por amor".
Cf. *Incarnationis Mysterium*, bula de Juan Pablo II para el Jubileo del año 2000, n. 11.

No han faltado mártires en la historia de la Iglesia Católica, y también los encontramos entre los nuestros, que al recibir los golpes mortales de sus verdugos les daban las gracias más vehementes, porque por ellos les abrían inmediatamente la patria feliz de la bienaventuranza. Con ellos, pues, nos regocijaremos también al recordar sus martirios.

(P. Joaquín Cardoso, s.j., prólogo a su obra "Los mártires mexicanos")

INDICE

CRÉDITOS ICONOGRÁFICOS:

AHG Roma, Emilio Martínez
Foto Guerrero de Sahuayo, Michoacán
Archivo histórico de la UNAM
Museo y Centro Cristero Efrén Quezada
Archivo de la Diócesis San Juan de los Lagos
Otros de Colección particular

Este libro se terminó de imprimir en Mayo de 2023 en los Talleres DDC
Antonio García Cubas 118, Col. Obrera, CDMX.